C.Bertelsmann

SVEN KUNTZE

Einigt Euch!

Warum der Kompromiss
kompromisslos ist

C.Bertelsmann

Für meine geliebte Frau, die Kompromisse schätzt.
Wenn ich sie mache.

Penguin Random House Verlagsgruppe FSC® N001967

1. Auflage
Copyright © 2023 C. Bertelsmann
in der Penguin Random House Verlagsgruppe GmbH,
Neumarkter Straße 28, 81673 München

Lektorat: Dr. Caroline Draeger, Hannover
Umschlaggestaltung: Favoritbuero, München
Satz: Leingärtner, Nabburg
Druck und Bindung: GGP Media GmbH, Pößneck
Printed in Germany
ISBN 978-3-570-10419-4
www.cbertelsmann.de

Inhalt

Vorbemerkung

»Am Ende der Jahre kommen die Einsichten.«

Im Laufe einer langen, abwechslungsreichen Karriere als politischer Fernsehkorrespondent in Bonn, New York, Washington und schließlich Berlin, schloss die Bandbreite der Themen, über die ich fast drei Jahrzehnte lang berichtet hatte, nahezu alle Ressorts ein.

Zur Ruhe gekommen, fiel mir auf, dass meine Beiträge trotz ihrer Vielfalt in der Regel einen gemeinsamen Kern hatten, nämlich die Suche nach Kompromissen. Überrascht und neugierig geworden, wollte ich mehr über den Begleiter wissen, der mir über lange Jahre zwar stets zur Seite, aber unauffällig geblieben war.

Der Kompromiss weicht uns von der Wiege bis zur Bahre nicht von der Seite, fand ich bald heraus. Es geht nicht ohne ihn. Gleichwohl verstecken wir ihn. Er sei »das Graubrot des politischen Alltags«, lese ich. Im Gegensatz zur »Tat«, die häufig der strahlende Höhepunkt einer geschichtlichen, sozialen Entwicklung sei. Ohne ihn sei alles nichts, verknüpft ein anderer Autor den Kompromiss untrennbar mit dem Schicksal der Gattung. Und dennoch: Die Moderne, die ständig Themen jeder Couleur in die Öffentlichkeit bringt, ist beim Kompromiss von unerklärlicher Zurückhaltung. Woher kommt diese Scheu?

Aus einer überraschenden Entdeckung und nachfolgender Neugierde ist ein Buch geworden. In den folgenden Kapiteln werde ich versuchen, dem rätselhaft Scheuen im weitesten Sinne Gestalt zu verleihen, in der Überzeugung, dass er heute und in unmittelbarer Zukunft notwendiger sein wird als je zuvor.

Sven Kuntze
Berlin, im August 2023

Einleitung – Ein Blick zurück

»… und jede gibt und nimmt zugleich
und alles strömt und alles ruht.«

Conrad Ferdinand Meyer

Er war von Beginn an dabei. Lange bevor die Menschheit in der Lage war, Pfeilspitzen zu schnitzen, Bogensehnen zu spannen oder die Wände ihrer Höhlen mit Zeichnungen zu schmücken, haben sich die frühen Menschen im Schein einer weiteren Kulturleistung, dem gezähmten Feuer, niedergelassen und Kompromisse ausgehandelt. Im Gegensatz zum Feuer musste der Kompromiss zu diesem Zweck nicht eigens entdeckt werden. Techniken seiner Durchführung im Laufe der Zeit wohl, ansonsten war er einfach da. Ohne ihn war die Welt nicht zu haben.

Wo Menschen zusammenleben, ist Gewalt nie fern. Jede Gemeinschaft steht daher unaufhörlich vor der Aufgabe, diese zu zähmen und in geordnete Bahnen zu lenken. Das Mittel der Wahl ist der Kompromiss. Ethnologen haben in allen Stammesgesellschaften dichte, verbindliche Netze aus Sozialfertigkeiten entdeckt, um Differenzen durch Kompromisse Herr zu werden.

Kompromisse sind von Beginn an anspruchsvolles, soziales Handwerkzeug gewesen. Ihre sorgfältige Pflege und Weitergabe zählt zu den wichtigsten Pflichten jeder Generation und zieht sich als roter Faden durch die Menschheitsgeschichte.

Als Bereitschaft zur friedfertigen Übereinkunft wirkt der Kompromiss häufig als ruhige Hand im täglichen Tumult und ist in der Lage, die besten Eigenschaften des Menschen – Mitgefühl und Großmut – hervorzurufen. Ebenso die schlechtesten: Rachsucht und Missgunst. Unermüdlich hat er sich durch die Zeiten auf den Stufen der Gesellungsformen nach oben gearbeitet: aus dem Dunstkreis der Familie über den Clan hin zum Stamm und Staat. Schließlich wurde 1945 mit der Gründung der Vereinten Nationen versucht, den Kompromiss als verbindliches Prinzip zur Lösung von Konflikten zwischen allen Staaten einzuführen. Seither gelten zwischen den Mitgliedern der UN das »Gewaltverbot« und das Gebot, »internationale Streitigkeiten durch friedliche Mittel beizulegen«. Der Kompromiss wird zwar in der Charta der UN nicht eigens erwähnt, ist aber seither in der Logik politischer Auseinandersetzungen das Mittel der Wahl, um Konflikte beizulegen. Denn wer auf Gewalt verzichten muss, um seine Ansprüche durchzusetzen, wird auf den Kompromiss angewiesen sein.

Kurz: Die Vereinten Nationen versuchten 1945, die stets drohende Gewaltbereitschaft zwischen Staaten durch den Kompromiss zu ersetzen. Er sollte von nun an den konfliktreichen Verkehr zwischen Nationen regeln.

Auf allen sozialen Ebenen, von persönlichen Beziehungen über Vereine und Nachbarschaften bis hin zum politischen Nahbereich, würde es weiterhin beim Handgemenge alter Machart bleiben können. Der Mensch wünscht sich zwar Friedfertigkeit, hält sie aber offensichtlich nicht endlos aus. Es scheint etwas in ihm zu sein, das ihn zu Zank und Hader treibt.

Mag sein, der Kompromiss war zumindest den Frauen als natürliche Beigabe in die Wiege gelegt worden. Erhard Valentin Jakob Sprengel war 1798,[1] als die Aufklärung bereits zahlreiche einst unverrückbare Gewissheiten entsorgt hatte, überzeugt: »Man kann sicher sein, dass die Welt längst zur großen menschenleeren Wüste geworden sei, wenn bloß Männer daraufgesetzt worden wären.« Als geheimer preußischer Kriegsrat am Hofe in Potsdam wird er gewusst haben, wovon er sprach. Gewiss war ihm das frühe Wetterleuchten der Romantik nicht entgangen, die sich damals anschickte, das »Weibliche als Psyche in der Kultur« zu entdecken, was die Chance bot, der männlichen Rauflust den Kompromiss als unentbehrliche Kulturleistung entgegenzusetzen.

Lohnt sich indes die Beschäftigung mit einem sozialen Phänomen, das den Menschen seit jeher treu zur Seite gestanden hat und trotzdem durch alle Zeiten der ungeliebte Außenseiter geblieben ist? »Unbedingt«, ist sich Eva Menasse, Autorin eleganter »Gedankenspiele über den Kompromiss«[2], sicher und fügt hinzu: »Das Zeitalter, in dem unsere Kompromissfähigkeit geprüft wird, ist auf Leben und Tod gerade erst angebrochen.« Das klingt bedrohlich, und so ist es auch gemeint. Eine Menschheit, die alle Mittel zur Selbstvernichtung zur Hand hat und sich Entwicklungen gegenübersieht, die ihre Lebensgrundlagen bedrohen, ist, wie keine je vor ihr, auf den Kompromiss als Sozialtechnik angewiesen. Unsere Befähigung zum Kompromiss ist – wie schon zu Beginn unserer langen Geschichte – zur Voraussetzung für unsere zukünftige Anwesenheit auf dem Planeten geworden. Entweder wir stellen die nächsten Dekaden unter sein Primat und akzeptieren allseitig die Opfer, die er notwendig fordern wird, oder wir verlieren die Handlungshoheit über unsere Zukunft.

1 Erste Annäherung

»Ein Kompromiss ist dann vollkommen,
wenn alle unzufrieden sind.«

Aristide Briand

Im Marschgepäck unserer frühen Vorfahren befand sich nicht nur der Kompromiss, sondern auch das Talent zur Empathie, eine wesentliche Voraussetzung für die Befähigung zum Kompromiss, wie sich zeigen wird.

Wo aber sind die nützlichen Begabungen zu verorten? Wir entdecken sie in der Geselligkeit. Allein ist der Mensch zu schwach, und einsam hält er sich nicht aus. Die Befähigung zur Gemeinschaft ist das kostbarste Geschenk der Evolution an den Homo sapiens, wie das tragische Schicksal des Neandertalers bezeugt. Der war zwar klüger und stärker als die Migranten, die vor 50 000 Jahren aus Afrika nach Europa zugewandert waren. Ihm fehlte jedoch, im Gegensatz zu seinem Konkurrenten, die Bereitschaft zum Miteinander. Der Neandertaler blieb Einzelgänger, und diese sind »zum Niedergang verurteilt«, wie Charles Darwin später erkannte.

Für beide frühen Menschenformen, Homo sapiens wie Neandertaler, gab es noch einiges zu lernen, um sich gegen eine feindliche Natur zu behaupten. Wer jedoch gemeinsam lernt und an den Erfahrungen anderer teilhaben darf, begreift schneller und mehr. Der Homo sapiens wurde dadurch nicht stärker und intelligenter, aber er war besser gerüstet, die letzte Eiszeit, die vor etwa hunderttausend Jahren begann, in geselliger Gemeinschaft zu überleben, während der Neandertaler in seinen kalten Höhlen einsam das Zeitliche segnete.

Der deutsche Philosoph und Soziologe Georg Simmel hielt den Kompromiss für »eine der größten Erfindungen der Menschheit« und vermutete, dass dieser eine »lange historische Entwicklung zur Voraussetzung hatte«. Ich dagegen bin überzeugt, dass er vom ersten Augenblick der Menschwerdung zur Stelle war – so wie die Luft zum Atmen und die Libido zur Fortpflanzung. Ohne ihn wäre Homo sapiens nicht sehr weit gekommen, denn der Kompromiss hielt ihm viele der Bedrohungen, die nicht lange auf sich warten ließen, vom Leib. Sein gefährlichster Feind war unmittelbar er selbst. Im Gegensatz zu allen anderen Lebewesen war er imstande, sich auszurotten, wäre ihm der Kompromiss nicht immer wieder in den Arm gefallen.

Von der ersten Stunde an war die Not eine ständige Begleiterin der Neuankömmlinge in den weiten Savannen Ostafrikas. Es fehlte täglich an allem: Wildbret, Holz und Früchten des Feldes. Kompromisse im Vollzug gemeinsamer Praxis waren die Voraussetzung für das Überleben bei stets bedrohlich knappen Mitteln in einer feindlich gesinnten Umwelt.

Wir dürfen vermuten, dass die frühen Menschen sich freizügig an ihrer Umwelt bedienten und jeder gleichen Zugang zu den Ressourcen hatte. Niemand indes misst einer Allmende, einem Gut, das allen zur freien Verfügung steht, einen Wert bei. Im Gegenteil, durch Verschwendung und Achtlosigkeit kann Gemeindeeigentum die »Ursache allen Übels« sein, fasst der amerikanische Ökologe Garrett Hardin eine lebenslange Beschäftigung mit dem Thema zusammen. Und der kanadische Ökonom

Scott Gordon ergänzt den Gedanken: »Weil jeder, der so tollkühn ist zu warten, bis er an die Reihe kommt, schließlich feststellen muss, dass andere seinen Teil bereits weggenommen haben.« Unter dieser Voraussetzung drohen Vorräte rasch zur Neige zu gehen. Ohne den Kompromiss als geeignetem Werkzeug, die gefährliche Selbstbedienung einzuhegen, wären unsere Vorfahren unversehens in eine überlebensbedrohliche Situation geraten und hätten die Allmende der frühen Tage kaum überstanden. Seither gehört der Kompromiss zu uns wie der Sonnenaufgang zum Tagesanfang. Über die Zeiten wurden zahlreiche, verbindliche Regeln entwickelt und diese beständig verfeinert. Homo sapiens lernte, auf soziale Entwicklungen zu reagieren und sich geschmeidig kulturellen Eigenarten anzupassen. Bis der Kompromiss schließlich zum »Anfang aller kultivierten Wirtschaft und des höheren Güterverkehrs« wurde, wie Simmel beeindruckt notiert.

Freilich, die Geschichte lässt ihre Mitarbeiter selten allein ziehen und ungestört ihren Bestimmungen nachgehen, sondern stellt ihnen in der Regel einen Widerpart als Korrektiv zur Seite. Die »zwei Seelen in einer Brust« sind die Ursache jener Zwiespältigkeit, die dem Menschen im Gegensatz zu allen anderen Lebewesen eigen ist: Liebe und Hass, Jubel und Verzweiflung, Fleiß und Faulheit. Die Spannungen und Gefahren, die aus diesen Gegensätzen entstehen, sind die Ursache der unerschöpflichen Vielfalt und Dynamik menschlichen Handelns. Ohne sie hätte es ein baldiges Ende mit dem Zuzug aus Ostafrika genommen. Der Homo sapiens hat jedoch überlebt – und mehr als das.

Gegenspielerin zum Kompromiss sollte die »Tat« werden, die entschlossene Entscheidung zu handeln. Ihr ist eigen, was ihm fehlt: Tempo, Mumm und Kühnheit.

Ihren wohl nachhaltigsten Auftritt hatte die Tat im Jahre 333 vor Christi Geburt, als Alexander der Große den gordischen Knoten kurzerhand mit dem Schwert durchschlug, um sich anschließend siegreich auf den Weg nach Persien zu machen. Die Botschaft war unmissverständlich: Entschlossenheit lohnt, Fäden entknoten indes weniger.

Seitdem hat die Tat den fabelhaften Ruf, vertrackte Probleme schnell und ohne Federlesen zu lösen. Während der Kompromiss sich seinen beschwerlichen Weg durch das Gestrüpp von Fakten und feindseligen Interessen sucht, ist der Tat der verführerische Elan des Augenblicks zu eigen. Sie erspart dem Publikum die Zumutungen der Vielfalt und beschränkt diese auf die Wahl zwischen zwei Alternativen. Entweder man zieht das Schwert, oder man lässt es in der Scheide.

Zudem fehlt dem Kompromiss jene Zu*tat*, die dem entschlossenen Zugriff Glanz verleiht: die Leidenschaft. Man mag einen Kompromiss »leidenschaftlich« herbeisehnen, er bleibt trotzdem die trockene Krume im Brotkorb der Entscheidungen. Er zielt seiner Natur nach auf Verlässlichkeit und Ausgleich. Tatkraft dagegen ernährt sich von Umtrieb und Gefahren.

Ist ein mutiger Streich indes erfolglos oder verlustreich gewesen, erinnert man sich gerne des glanzlosen Gegensatzes und fordert den Kompromiss auf, den Abraum des Tatendrangs wieder beiseitezuräumen. Jetzt wird er für begrenzte Zeit auf die Bühne gebeten und darf seine Beständigkeit und Robustheit beweisen, um sich nach erledigter Arbeit wieder in den Hintergrund zurückzuziehen. Sein Metier, die tägliche Arbeit am Überleben, dient Historikern selten als Stoff, der Bibliotheken füllt, und taugt ebenso wenig als Vorlage für Mythen oder Märchen vom glücklichen Ausgang einer Geschichte.

Eine ergiebige Quelle für den sozialen Status eines Begriffs und seiner Bedeutung für den Alltag ist der Volksmund mit seinen über lange Zeit angesammelten und bewährten Verdichtungen komplexer Sachverhalte. Wer dem »Volk aufs Maul« schaut, findet dort zuweilen mehr Weisheit, als »ein Philosoph in einem ganzen Leben zustande bringt«. Da der Kompromiss weltweit verbreitet ist, dürfen wir vermuten, dass der Volksmund sich seiner unzählige Male angenommen hat. Aber das Volk, häufig von anregender Geschwätzigkeit, verhält sich verdächtig still zum Thema. Man muss sich weit umschauen, um passgenauen Weitblick und kluge Einlassungen zu entdecken.

»Spinnen und Fliegen können keine Kompromisse schließen«, heißt es in Jamaika. Die pragmatischen Briten sind überzeugt: »Der Kompromiss ist stets nur ein vorläufiger Erfolg«, während ein altes deutsches Sprichwort fordert: »Laß dich in keinen Kompromiss, du verlierst die Sach', das ist gewiss!« Aus der Feder weltläufiger Zeitgenossen stammen ähnliche Ansichten: Ein Kompromiss sei »zwei Niederlagen auf einmal«, behauptet der Würzburger Stadtphilosoph Elmar Kupke. Weiter östlich in Moskau bemerkt Fjodor Dostojewski streng: »Gehen Sie geraden Weges ohne Kompromisse durch Ihr Leben.« Ein Vorschlag, der, würde er befolgt, geradewegs ins Verderben führen muss. Das ist, weltweit gesehen, eine klägliche Ausbeute an Einwürfen zu einem Thema, das unverzichtbarer Bestandteil jeder Form von Gesellung ist.

Unter denjenigen, die als Politiker oder Interessensvertreter beruflich über den Kompromiss nachdenken, hat er häufig schlechten Leumund. Er wird nicht als Sieger über verworrene Umstände, sondern in unmittelbarem Zusammenhang mit Niederlagen und Hasenfüßen betrachtet. Eine der wichtigsten kollektiven

Sozialtechniken erfreut sich unverkennbar geringer Wertschätzung. Wir werden noch sehen, was das für unsere Gegenwart und Zukunft bedeutet.

Man möchte nach den vorausgegangenen Bemerkungen vermuten, dass der allgegenwärtige Kompromiss als Objekt beruflicher Neugierde auf der Themenliste der Sozialwissenschaften an vorderster Stelle steht. Tut er aber nicht! Im Gegenteil, er spielt als Begriff und Bestandteil von Theorien oder Spezialgebieten kaum eine Rolle. Recht besehen, kommt er in den Veröffentlichungen oder laufenden Forschungsprojekten kaum vor. Er sei in der »Literatur stiefmütterlich behandelt«[3] worden, gesteht Veronique Zanetti ein, die an der Universität Bielefeld Philosophie lehrt. Wissenschaftliche Einzeluntersuchungen liegen denn auch – bis auf eine Handvoll älterer, die zudem wenig hilfreich sind – kaum vor.

Zwei schmale Texte zum Thema sind jüngst erschienen. Sie werden schwerlich Spuren hinterlassen. Das erleichterte mir zwar die Arbeit, weil ich die trockene Luft von öffentlichen Bibliotheken meiden durfte, ließ mich jedoch befürchten, ein brotloses Thema gewählt zu haben. Ein zweiter und dem folgend dritter Blick bezeugten indes, wie ergiebig das Sujet sein kann, wenn man es kompromisslos angeht.

Trotzdem meiden die Sozialwissenschaften den Kompromiss wie den verarmten Vetter vom Land. Sie verweigern ihm den Zutritt zu den Seminaren und damit zu den Futtertrögen der Forschungsprojekte. Er lohnt nicht, so scheint man zu befürchten, die zeitaufwendige Mühe einer näheren Beschäftigung. Die aktuellen Gesellschaftstheorien konzentrieren sich auf Begriffe und Megatrends wie »Komplexitätsreduktion«, »Singularität« oder

»Unübersichtlichkeit«, »Melancholie« nicht zu vergessen. Das sind prächtige Gesellen mit deren Hilfe sich vom Bestseller bis zur akademischen Karriere einiges bewirken lässt – mit einer Ausnahme vielleicht: So gewinnt man trotz ihrer dröhnenden Bedeutsamkeit wenig Einsichten in die Wirkweise unserer Gegenwart.

Mit dem »Strukturwandel der Öffentlichkeit«[4] von Jürgen Habermas wird die Sprache zudem unzugänglicher. Sie zieht sich aus dem Diskurs mit einem interessierten Laienpublikum zurück und wird in einem eigenen, hochartifiziellen »Jargon der Teilhabe« zu einer Wissenschaft für Fachleute.

Wer sich mit dem Kompromiss beschäftigt, betreibt keine Hochglanzsoziologie für internationale Tagungen, sondern »Dirt Sociology«, also schmutziges Handwerk. Denn dem Kompromiss ist unvermeidlich der Beigeschmack der Niederlage und der Preisgabe eigen. Wer sich ihm nähert, wird nicht umhinkönnen, sich mit den Untiefen menschlichen Verhaltens zu beschäftigen. Er wird sich dort umschauen müssen, wo Getümmel die Regel ist und soziale Konventionen ihre Bindekraft verlieren. Kurz: Er gerät in gefahrvolles Handgemenge mit der täglichen Anarchie, die noch keine Sozialwissenschaft je zu bändigen gewusst hat.

Es gibt im Umfeld des Kompromisses zu viel von allem: ungezählte Bedürfnisse, freie, ungebundene Leidenschaften, die Lust am Fehlschlag ebenso wie die Verlockungen der Macht. Hinzu kommen spontane Einsichten, die jeder von uns ohne Unterlass in das soziale Gewühl einbringt. Und schließlich das unübersehbare Arsenal von Befindlichkeiten wie Rechthaberei und Unduldsamkeit oder deren Gegenteile Besonnenheit und Weitsicht, die zwangsläufig in allen sozialen Verkehrsform eine entscheidende Rolle spielen.

Die unübersehbare Vielfalt von Faktoren erschwert die Suche nach eindeutigen Ursachen und sauberen Begriffen, trotzdem lohnt der Blick auf den Kompromiss, denn ohne ihn wäre alles nichts, zumindest keine menschliche Gemeinschaft.

Erstes Indiz seiner Unzugänglichkeit ist die große Zahl an Verben ähnlicher Bedeutung, die er um sich versammelt hat: verständigen, versöhnen, bereinigen, einigen, vereinbaren, übereinkommen, handelseinig werden, aushandeln, vergleichen, um nur einige wenige zu nennen. Jeder dieser Vorgänge kann einen Kompromiss zum Ziel haben. Und jeder erreicht dieses Ziel unter eigenen Voraussetzungen und Regeln. Was zu Beginn überschaubar erschien, wird im Handumdrehen vielschichtig und rätselhaft. Wer sich mit dem Kompromiss beschäftigt, hat schnell die ganze Gesellschaft am Hals.

Man bekommt es zwangsläufig mit allem zu tun, von internationalen Beziehungen über Lohnstreiks bis hin zum Ehekrach. »Die Gesellschaft als Ganzes entzieht sich dem Zugriff«, erklärt der Soziologe Armin Nassehi knapp. Den Gedanken hat er nicht als Erster. Im ersten Brief an die Korinther (13,9) heißt es: Denn »unser Wissen ist Stückwerk«.

Auch den deutschen Romantikern war das undurchdringliche Dickicht menschlicher Verhaltensweisen aufgefallen. Sie wählten deshalb das »Fragment« als die dem Gegenstand angemessene Darstellungsform, um den »Geist herauszufordern, Dinge anzustoßen und Ideen anzureißen. Es hat wohl Anfang, hat ein Ende. Allein ein Ganzes ist es nicht«, begründet Goethe das Fragmentarische.

Zwanzig Jahrhunderte nach dem Brief an die Korinther ist man immer noch nicht sehr viel weiter, wie Marcel Proust bekümmert

feststellt. »Wir besitzen von der Welt nur formlose fragmentarische Vorstellungen, die wir durch willkürliche Ideenassoziationen
vervollständigen.«[5] Susan Sonntag, New Yorker Stilikone, hatte
schließlich ein Einsehen und forderte resolut: »Das Fragment
scheint die angemessene Kunstform unserer Zeit zu sein.«

Ihr will ich mich gerne anschließen und nicht der Versuchung
erliegen, den Kompromiss im Sinne positiver Wissenschaft ein-
zukreisen. Stattdessen beschränke ich mich auf eine lockere Abfolge von Einwürfen unterschiedlicher Länge zum Thema. Wir
bewegen uns gemeinsam querfeldein und denken nach Art der
Phänomenologie munter drauflos. Was vor uns gedacht wurde,
sammeln wir neugierig auf und fügen es – bedenkenlos – in
unseren Text ein. Freilich, wir tun das nach Art der Freibeuter,
ohne, von wenigen, verdienstvollen Ausnahmen abgesehen, Her-
kunftsort und ursprünglichen Besitzer des Raubgutes zu benen-
nen. Die dürfen dafür bei mir naschen, und am Ende gleicht
sich's hoffentlich aus. Zudem signalisiert diese Form der Piraterie,
recht besehen, stets Wertschätzung und Respekt für die Arbeit
des oder der Beraubten. Qualität wird berücksichtigt. Das Un-
kraut bleibt am Wegrand zurück.

Dieser Umgang mit vorliegenden Texten aus fremden Federn
scheint sich inzwischen in der sozialwissenschaftlichen Literatur
eingebürgert zu haben, wie der Herausgeber des *American So-
ciologist* Andrew Abbott in einer empirischen Untersuchung
zum Publikationsverhalten des wissenschaftlichen Nachwuchses
herausgefunden hat. Demnach sind die sorgfältigen Listen der
Belesenheit eines Autors ebenso aus der Mode gekommen wie
zeilenintensive Anmerkungen, stattdessen wird ein flüssiger Stil
gepflegt, der sich eher an schöngeistiger Literatur als an der tro-
ckenen Schreibweise wissenschaftlicher Abhandlungen orien-
tiert. So soll es auch hier zugehen.

Bücher werden entweder geschrieben, um studiert, oder, um gelesen zu werden. Die folgenden Seiten sind hoffentlich vor allem zum Lesen geeignet.

2 Der Kompromiss im sozialen Tumult – Ein Rundgang

»Wer sagt denn, dass die Welt entdeckt ist?«

Peter Handke

Wir hätten »bemerkenswerte Fortschritte bei der Enträtselung des Universums gemacht«, liest man. Dasselbe wird man von den Wundern und Geheimnissen des zwischenmenschlichen Getümmels nicht behaupten wollen. Es ist so rätselhaft als »wie am ersten Tag«. Nirgends geht es unerklärlicher zu als in der geselligen Welt. Wir kommen dort mit unseren Einsichten – wenn überhaupt – nur in winzigen Schritten voran. Die Weiten des Weltraums sind einfache Mechanik im Vergleich zu den sozialen Universen der Menschen, die wir zudem, seit der Erfindung des Bewusstseins, mit jedem Blick und jedem Gedanken neu erschaffen können. Vermutlich soll uns die Entschlüsselung der gesellschaftlichen Betriebssysteme aus gutem Grund rätselhaft bleiben, und wir werden, wie die Hühner im Hinterhof, für immer an der Oberfläche kratzen müssen. Andernfalls käme das gemeinschaftliche Leben zum Erliegen. Denn dessen unbezähmbare Vitalität hat ihre Ursachen – neben anderen – in unserer Ahnungslosigkeit gegenüber den nächsten Ereignissen.

Wir bleiben notwendig Laien im Geschäft menschlicher Verhaltensweisen. Wir waren uns »auf Jahrtausende unbegreiflich«

und werden uns weiterhin vergeblich am »komplexesten aller Gegenstände« abarbeiten. Da wir selbst »Zweck und Ziel« unserer Neugierde sind, führt jede neue Erkenntnis zu Veränderungen, die ihrerseits erkannt werden wollen. Das findet kein Ende – und wir endgültig keinen sicheren Boden.

Die Zukunft – und um die geht es bei den folgenden Bemühungen – bleibt uns als Objekt verlässlicher Erkenntnisse mit wenigen Ausnahmen verschlossen und belässt die Menschheit für immer in Abhängigkeit von dem mächtigsten Gebieter über unser Schicksal, dem Zufall, dem Gott der Neuzeit.

Den Autoren des Alten Testaments war diese tatkräftige Hilflosigkeit im Angesicht der Zukunft sehr bewusst. Im Römerbrief heißt es: Wie »unergründlich sind Gottes Gerichte und unaufspürbar seine Wege«. Eine Gewissheit indes hat der Gläubige. Er weiß den Weltenlauf zwar sicher in den Händen seines Gottes aufgehoben. Trotzdem hat auch er keine Ahnung, wohin die Reise gehen wird.

Wir erreichen im besten Fall einen niedrigen Prozentsatz auf der vierten Stelle hinter dem Komma der für uns wichtigen Erkenntnisse. Nicht eben viel. Aber die tägliche Lebenspraxis bezeugt: Es reicht fürs Überleben. Mehr wird nicht sein! Mehr muss auch nicht sein. Wir sind trotz unzureichender, oft mangelhafter Daten und Erkenntnisse in der Lage, unzählige, brauchbare Entscheidungen zu treffen, für die wir nur in seltener Ausnahme verlässliche Informationen haben.

Das Wunder des menschlichen Zusammenlebens beruht augenscheinlich nicht auf der Anzahl von Einsichten und Informationen, die uns zur Verfügung stehen, sondern im Gegenteil auf deren Mangel. Die »heilige Einfalt« lässt uns handeln, während die Vielfalt häufig stört.

Im Mittelpunkt der täglichen Betriebsamkeit und deren Tatendrang steht und wirkt, neben zahlreichen anderen sozialen Verhaltensweisen unaufhörlich der Kompromiss. Jeder einzelne von ihnen würde, als Objekt wissenschaftlicher Neugierde bis in die letzten Zusammenhänge und Kausalitäten verfolgt, ein Forscherleben in Anspruch nehmen.

Wie die meisten sozialen Tatsachen von Gewicht ist er von einfacher Machart. Auf den ersten Blick haben wir es mit einem robusten Burschen zu tun, für den, ebenso wie für eine Vielzahl anderer sozialer Phänomene, das Nahblickparadox gilt: »Je näher man ein Wort ansieht, desto ferner sieht es zurück«, bemerkt Karl Kraus.

Man möchte vermuten, je ausführlicher man sich mit einer Sache beschäftigt, desto genauer wird die Einsicht in deren Natur. In der Regel gilt das Gegenteil. Mit zunehmender Annäherung an einen Gegenstand geht der Überblick verloren und damit häufig auch der Durchblick, bis er sich völlig in Unverständnis auflöst.

Das wunderliche Phänomen ist dem Blick aus großer Höhe auf die Erde vergleichbar. Vorerst erscheint die Landschaft unter uns einfach und klar gegliedert, die Zusammenhänge zwischen Siedlungen, Straßen und Feldern sind eindeutig zu erkennen. Nähern wir uns jedoch, verliert das Terrain seine klare Struktur, ein Dorf wird zu einem Gewimmel aus Bäumen, Brunnen und Hofeinfahrten, bis wir knapp über einem Feld nur noch unscharf Ähren erkennen. Die Landschaft ist uns im Prozess der Annährung als Objekt unserer Erkenntnis abhandengekommen.

Das Nahblickparadox gilt, wie für jede Beschäftigung mit dem Sozialen, auch für den Kompromiss. Wir werden uns bei unserem Bemühen um Annäherung in einiger Distanz halten müssen. Helmuth Plessner mahnt eine »Verhaltenslehre der Kälte« an, um nicht in der undurchdringlichen Mannigfaltigkeit verloren zu gehen.

Der Begriff »Kompromiss« kommt, nicht überraschend, aus dem Lateinischen. Er vereint die beiden Wörter »cum«, »miteinander« und »promissum«, »das Versprechen« und bedeutet zusammengefügt die Zusicherung, die Position des anderen wohlwollend zur Kenntnis zu nehmen, mit dem Ziel, eine gemeinsame Basis für Verhandlungen zu schaffen. Kurzum: das Versprechen zum Miteinander.

Seine Idee ist die »Vermittlung zwischen unterschiedlichen Interessen«, die durch Kampf, Verdrängung, Nachgiebigkeit oder eben Kompromisse zustande kommen kann. So gesehen ist der Kompromiss dem Interessenausgleich als Mittel zum Zweck zugeordnet. »In ihm haben sich mindestens zwei Parteien friedlich durch Geben und Nehmen über die Teilhabe an einem Gut geeinigt«, sei die vorläufig gültige Definition im Folgenden.

Ein »Gut« kann alles sein, auf das mindestens zwei Personen oder Gemeinschaften im weitesten Sinne Anspruch erheben: die Wahl des Fernsehprogramms, der Platz im Strandkorb, die Macht im Vereinsvorstand. Nicht zu vergessen: die Politik, vom Gemeinderat bis zu Abrüstungsvorhaben. Wie ein riesiger Schleier legt sich der Kompromiss über die grenzenlose Vielfalt der unaufhörlichen Betriebsamkeit, bemüht, jeden Konfliktfall nach dem Maßstab seiner Vorgaben zu lösen.

Die Einigung sollte friedlich, im Zuge von Verhandlungen erreicht werden, was nicht ausschließt, dass es vorher zu heftigem Streit oder kriegerischen Auseinandersetzungen kommen kann. Wenn eine Übereinkunft ihre Ursache in Gewalt oder deren Androhung hat, wollen wir nicht von Kompromissen sprechen, sondern von Diktat oder Zwang. Gleichwohl können solche Vereinbarungen vernünftig und von Dauer sein.

Auf den ersten Blick ist der Kompromiss nicht unähnlich der Abmachung, dem Zugeständnis oder der Versöhnung sowie anderen Formen der Übereinkunft. Sie sind Teil der ständigen Bemühung, Interessengegensätze, die uns zwangsläufig von jeher begleiten, friedlich zu lösen. Eine strittige Mieterhöhung bleibt eine Abmachung zwischen Mieter und Vermieter. Sie wird zum Kompromiss, wenn als Verhandlungsergebnis die Miete nur nach der Sanierung der Küche erhöht werden darf.

Wenn die Kinder nach dem Zähneputzen zu Bett gehen müssen, ist dies eine erzieherische Maßnahme. Wenn es ihnen indes gelingt, im Verzicht auf laute Widerworte weitere zwanzig Minuten im Wohnzimmer das »Sandmännchen« zu sehen, haben wir es mit einem Kompromiss zu tun.

Wenn es einer Regierung aufgrund der Machtverhältnisse gelingt, ohne Gegenleistung an eine andere Partei erfolgreich Zugeständnisse einzufordern, wird dies kein Kompromiss sein können, sondern ein Ausdruck von Machtgefälle. Bei Lohnabschlüssen, einem Kompromiss, von dem am häufigsten die Rede ist, geht es um den verfügbaren Anteil am Erwirtschafteten. Die Unternehmer wollen alles behalten, die Arbeitnehmer alles haben. Trotz des häufig hohen Aufwandes, mit dem diese Form der Kompromisssuche betrieben wird, ist sie in ihrer Grundform unkompliziert und führt in aller Regel zu friedlicher Lösung. Die Arbeitnehmer verzichten auf Kampfmaßnahmen, erhalten einen höheren Prozentsatz vom zukünftigen Gewinn, und die Unternehmer behalten genügend, um weiterwirtschaften zu können.

Nun möchte man meinen, der Kompromiss gehöre mit seinen friedfertigen Bemühungen um Ausgleich zu den Favoriten unter den Umgangsformen. Tut er nicht! Als Kind von Zwietracht und Streit ist er von verdächtiger Abstammung und verglichen mit Ratschlag, Kontroverse oder Konsens ein unansehnliches Mitglied im großen Kreis der Einigungen. Seine nahe Verwandtschaft zu Verzicht und Niederlage beschädigen das Ansehen zusätzlich. Die wichtigste Ursache seiner zweifelhaften Reputation sind indes die Bestandteile »Geben und Nehmen« in der sozialen Mechanik, die ihn von anderen Formen der Übereinkunft unterscheiden. Unter gegebenen Bedingungen ist er für die Beteiligten stets nur das Zweitbeste.

Seltsam, wir arbeiten uns zwar ständig brav und mit einigem Erfolg an der unentbehrlichen Zutat unseres Lebens ab, tun uns jedoch schwer, den Kompromiss zustimmend zu begreifen. Er erscheint im Gegenteil als lästige Begleiterscheinung, von der nichts Gutes zu erwarten ist. Als Niete und schwarzes Schaf unter den menschlichen Verkehrsformen hält man ihn besser auf Abstand.

Goethe meldet sich mit folgender Erkenntnis zu Wort: »Gesunde Kompromisse machen aus Konflikten chronische Krankheiten.« Das klingt befremdlich für einen, der am Weimarer Hof über viele Jahre politische Ämter bekleidet hat und dem das Aushandeln von Kompromissen tägliches Handwerk gewesen sein muss.

Der Aufbruch des Menschen aus seiner selbstverschuldeten Unmündigkeit während der Aufklärung findet realpolitisch in den Armen des Kompromisses statt. Nicht der gordische Knoten wird zum Symbol der neuen Zeit, sondern das Kerzenlicht langer, zäher Verhandlungen.

Es scheint, die Menschheit schämte sich seither, in die Abhängigkeit einer blutarmen, unentschlossen Figur wie dem Kompromiss und seiner bescheidenen Angebote geraten zu sein. Dieser versprach seiner Kundschaft kein Welttheater, sondern das Graubrot der Mühsal auf allen Ebenen. Damit war wenig Staat zu machen. Im Gegensatz zu Ludwig XIV. oder Napoleon – Gestalten, die in prächtiger Kulisse dem entzückten Publikum entschlossene Taten und eindrucksvolle Erfolge präsentierten – oder, wenn es schieflief, kostspielige Misserfolge verursachten. Von deren Ausstrahlung ließ man sich gerne verleiten, selbst wenn die Reise in den Abgrund führte.

Wenn die Tat als Vater der Geschichte gilt, dann ist der Kompromiss deren zurückhaltende Mutter, ohne die sie nicht in Gang gekommen wäre. Dem Kompromiss fehlt, was Menschen unwillkürlich suchen: Richtung und Eindeutigkeit. Stattdessen wirkt er stets halb fertig und vorläufig. Die Tat ist ein abgeschlossener Vorgang. Der Kompromiss hingegen bleibt für die Zukunft offen und ist in steter Gefahr, bei Bedarf »aufgeschnürt« und neu verhandelt zu werden. Wer ihn verfolgt und schließlich eingeht, wird sich mit unerfreulichem Begleitpersonal wie der Niederlage, dem Verzicht, der Enttäuschung sowie langen, zähen Auseinandersetzungen anfreunden müssen. Figuren aus den Niederungen der sozialen Erfahrungen, die man gerne auf Abstand hält.

Überdies droht dem Kompromissbereiten doppelter Verlust. Er gerät in Gefahr, weniger zu erhalten als erhofft, und wird unter Umständen hergeben müssen, was er eigentlich behalten wollte. In jedem Fall kann er vor sich selbst und seinem Umfeld als Verlierer gelten, eine drittklassige soziale Kategorie, zumal in einer Kultur, die das Scheitern verachtet.

Die Suche nach Kompromissen verläuft beständig im Verbund ungezählter sozialer Konstellationen, die vom streitenden Ehepaar über einen blockierten Gemeinderat bis hin zu hochgerüsteten Nationen reichen können. Für alle gilt durchgängig das

Prinzip des Gebens und Nehmens. Deshalb dürfen wir vermuten, dass es unabhängig von Thema und sozialer Reichweite allgemeingültige Bedingungen gibt, unter denen Kompromisse leichter oder mühevoller zustande kommen.

Eine wesentliche Voraussetzung für den Beginn einer Kompromisssuche ist die gleichmäßige Verteilung der Entscheidungsbefugnisse zwischen den Beteiligten. Ist eine Partei mächtiger, wird sie in Versuchung sein, den stets mühsamen, zeitraubenden Kompromiss durch Anordnungen oder die Tat zu ersetzen. Sind beide Parteien ähnlich durchsetzungsfähig, wächst deren Interesse an Kompromissen, haben Untersuchungen zur »Sozialpsychologie der Übereinkunft« gezeigt.

Bevor man jedoch zu der Einsicht gelangt, dass Unfriede und Gewalt größere Risiken als Chancen bedeuten, wird man die Schwächen und Stärken des Gegenübers einschätzen wollen. In diesem Zusammenhang ist eine fintenreiche Kultur der »symbolischen Machtanreicherung« entstanden. Sie soll im Vorfeld der Kompromisssuche die eigene Position stärken, die des Gegners schwächen und dessen Bereitschaft zu Absprachen erhöhen.

In archaischen Gesellschaften wurden politische Verhandlungen häufig durch geheimnisvolle Beschwörungsriten und üppige Opfer begleitet, in der Hoffnung, den Gegenspieler von der eigenen Überlegenheit zu überzeugen. Da den Akteuren der symbolische Charakter dieser Bemühungen meist bekannt war, galten die aufwendigen Inszenierungen auch dem eigenen Publikum, um unvermeidbare Kompromisse und die damit verbundenen Opfer zu legitimieren. Diese häufig hochartifiziellen Darbietungen, aus denen sich später Musik, Tanz und Theater als eigene Kunstformen entwickelten, waren Teil einer frühen Diplomatie, die bemüht war, den Weg für Kompromisse freizumachen, um Waffengänge zu vermeiden. Denn Aufwand und Ertrag in Rechnung gestellt, ist die höchste Form von Frivolität und Luxus der Krieg, den die Menschheit sich regelmäßig gegen alle Vernunft und jedes Mitgefühl um einen hohen Preis an Gut und Leben leistet.

Frühe Gesellschaften scheuten Angriffslust und blutige Auseinandersetzungen. Land und Weidegründe gab es im Überfluss. Menschen hingegen waren noch knapp, schwer zu ersetzen, und selbst bei einem siegreichen Waffengang war wenig zu gewinnen, jedoch viel zu verlieren. Die archaische Hinterlassenschaft der symbolischen Anreicherung hat bis heute nicht ausgedient: Im Gegenteil, auf höchstem Niveau – der Drohung, die Menschheit zu vernichten – spielt sie weiterhin eine bedeutsame Rolle im internationalen Geschäft der militärischen Positionierung.

Wenn der Iran, Indien oder Nordkorea Langstreckenraketen testen, ist dies der Versuch, sich einer Wehrhaftigkeit und Militanz zu versichern, die weit über die eigentliche militärische Stärke dieser Nationen hinausgeht.

Auch auf den Ebenen eingespielter Parteipolitik hat die symbolische Anreicherung, nichts von ihrer Bedeutung verloren. Wenn der FDP-Vorsitzende Christian Lindner nach dem Ende der Ära Merkel gelegentlich auf die Koalitionsbereitschaft der CDU verwies, signalisierte er damit, ich bin stärker, als es den Anschein hat, und auf Rot-Grün nicht angewiesen, sondern habe die Chance, mich auch mit anderen zu verbünden.

Der Verweis auf attraktive Alternativen gehört zu den eingespielten taktischen Winkelzügen bei laufenden Konsultationen. Jede Andeutung in diese Richtung ist eine versteckte Drohung, aus Gesprächen auszusteigen, um sich geeignetere Partner zu suchen. Sie schwächt die Position des Gegenübers, setzt ihn unter

Zeitdruck und erhöht dessen Bereitschaft, das jedem Kompromiss notwendige »Geben« abzusegnen. Das Warnsignal »Vorsicht Partnertausch« kann auf festgefahrene Verhandlungen wie ein Brandbeschleuniger wirken. Wer erkennen muss, dass der Kontrahent erfolgreich nach neuen Wegen und Verbündeten sucht, wird eher bereit sein, sich mit Verlusten abzufinden.

Diese Strategie verlangt allerdings einiges Geschick, denn bis zum Zeitpunkt der endgültigen Entscheidung bewegen sich die Beteiligten auf dem unsicheren politischen Terrain vorläufiger Absprachen und unverbindlicher Zusagen. Es bedarf Erfahrung und Einsicht in das stets komplizierte Gewebe unterschiedlicher Interessen, um die Fäden in der Hand zu behalten. Zudem verliert der Hinweis auf geeignetere Verbündete an Überzeugungskraft, wenn er als taktischer Schachzug ohne Aussicht auf Erfolg durchschaut wird.

Elend und Notzeiten, Naturkatastrophen und Kriege »vermögen die Menschen zusammenzuführen«, heißt es bei Montaigne, und weiter: »Dieses zufällige Flickwerk nimmt dann gesetzliche Formen an.« In der Not entdecken die Menschen das Miteinander. Sie rücken zusammen und suchen Schutz – selbst fremden. Ein gemeinsames Schicksal unter widrigen Umständen führt zu identischen Erzählungen, die ihrerseits die Bereitschaft zum Einvernehmen im Kreis der Schicksalsgleichen erleichtert.

Wo Not herrscht, gibt es zudem weniger zu verteilen. Die Ansprüche werden – ebenso wie die Anzahl der Alternativen – geringer, folglich die Suche nach Kompromissen einfacher. Eine erzwungene Friedfertigkeit liegt über Notstandsgebieten. Alte, scheinbar unüberwindbare Konfliktlinien verlieren an Bedeutung und weichen einer Verträglichkeit, die vordem unvorstellbar gewesen wäre. Trotz der Maßnahmen, die unentwegt getroffen werden müssen, um die Not zu lindern, kommt Ruhe ins soziale Geschehen.

Sind Kompromisse schließlich gefunden, werden die überwundenen Gefahren im kollektiven Gedächtnis gerne als die Geschichte einer »neuen Eintracht in alter Nähe« weitergegeben, während der es möglich gewesen war, selbst unter erschwerten Bedingungen unerwartete Vereinbarungen zu treffen. Die spontane Verbundenheit in höchster Not ist seit alters her der Stoff, aus dem gemeinsame Erinnerungen im Vorgriff auf bessere Zeiten gemacht sind.

Traditionen, Konventionen, Glaube nicht zu vergessen, sind ebenfalls im Kompromissgeschäft tätig und leisten gute Dienste bei der Suche nach friedfertigen Übereinkünften. Sie vermögen als bewährtes Begleitpersonal den Rahmen bereitzustellen, innerhalb dessen Verhandlungen stattfinden sollen. Zudem können sie einen Vorrat an unentbehrlichen Erfahrungen in laufende Verhandlungen einbringen. Keine Form der Kompromisssuche ist neu unter der Sonne und stets in hohem Maße auf Erinnerungsarbeit angewiesen. Der vordergründig schlichte Vorgang des Gebens und Nehmens kann im praktischen politischen Vollzug so vielschichtig und unzugänglich werden, dass er ohne den Rückgriff auf historische Präzedenzfälle und Vorbilder kaum zu bewältigen ist. Die unbestreitbare Einsicht, »jede Zukunft bedarf der Vergangenheit«, bezieht sich vor allem auf den Gehalt alter Erkenntnisse in neuen Kompromissen.

3 Der Kompromiss im politischen Tumult – Eine Übersicht

In der Ukraine ist überraschend eine Situation entstanden, für die es kaum historische Vorbilder gibt. Dort stehen zwar die westlichen Werte und Demokratien unter bedrohlichem Beschuss, wie die Anrainerstaaten nicht müde werden zu betonen, gleichwohl ist die NATO nicht bereit, Soldaten zur Verteidigung der eigenen Zivilisation einzusetzen. Sie beschränkt sich stattdessen auf Waffenlieferungen und lässt ukrainische Männer den Blutzoll entrichten.

Als vor über 80 Jahren die mitteleuropäische Kultur durch den Überfall Hitlers auf Polen ebenfalls in Gefahr geriet, haben die Briten und Franzosen die Herausforderung angenommen und ihre Armeen gegen die Deutschen in Marsch gesetzt. Heute haben wir uns in unverbindlicher Aggressivität ratlos unter dem amerikanischen Atomschirm niedergelassen, von wo aus wir interessiert die Ereignisse auf den Schlachtfeldern verfolgen und überlegen, welche Waffen die Ukraine demnächst wohl brauchen wird, um nicht nur sich, sondern auch uns zu verteidigen. Angesichts der beispiellosen Gemengelage ist selbst das Nachdenken über ein Ende der Kampfhandlungen und die Suche nach Kompromissen vorläufig eingestellt worden: gemeinhin der Weg in eine unübersichtliche, gefahrvolle Zukunft.

Um die Kosten der Kompromisssuche zwischen Staaten zu senken und die Erfolgschancen zu erhöhen, sind auf höchster Ebene internationale Gremien wie die Vereinten Nationen, die Europäische Union oder die Vereinigung südostasiatischer Länder, ASEAN, eingerichtet worden. Letzterer, 1967 nach EU-Vorbild in Bangkok gegründet, gehören heute neben Vietnam, Indonesien und Kambodscha sieben weitere Mitglieder an. Die Grundlage ihrer Politik, einen gemeinsamen Wirtschaftsraum zu schaffen, ist »The ASEAN Way«, Kompromisse zu erarbeiten. Der Zusammenschluss dieser Staaten muss bei gemeinsamen Projekten eine ungewöhnliche Vielfalt von Regierungsformen, Ethnien und Religionen berücksichtigen. Daher beruht die ASEAN auf dem Prinzip der Nichteinmischung in die inneren Angelegenheiten seiner Mitglieder und der Regel, Beschlüsse stets im Konsens zu treffen. Eine, wie sich bald zeigen sollte, vorzügliche Grundlage für einer lebhafte Kompromisskultur.

Durch diese Vorgaben können sich Entscheidungen zwar beträchtlich verzögern, aber sie sorgen dafür, dass es in geordneten Bahnen vorangeht: Der Weg zu Kompromissen, der dort einst durch gefährliches Terrain, einschließlich militärischer Auseinandersetzungen, führte und häufig im Diktat des Mächtigeren endete, verläuft heute zwischen Indonesien im Westen und den Philippinen im Osten nach den Grundsätzen demokratischer Staaten. Damit ist es den Regierungen um das Südchinesische Meer gelungen, eine der Lehren und großen Hoffnungen als Folge des Zweiten Weltkriegs in die Tat umzusetzen. »Das Wunder von Bangkok« ist eine zivilisatorische Leistung vergleichbar den Friedensschlüssen der beiden christlichen Konfessionen von Augsburg und Münster vor einem halben Jahrtausend.

Ende Juli 2022 beschlossen die Staaten der EU angesichts absehbarer Versorgungslücken, ihren Gasverbrauch, wie Fachleute nach dem Einmarsch der Russen in die Ukraine gefordert hatten, um 15 Prozent zu senken. Der vordergründig realitätstaugliche Beschluss wurde jedoch durch zahlreiche Ausnahmeregelungen und den Verzicht auf Verbindlichkeit so weit aufgeweicht, dass die 15 Prozent zwar weiterhin galten, aber kaum Aussicht bestand, sie in den folgenden Monaten, wie gefordert, in die Tat umzusetzen.

Die EU habe damit bewiesen, dass sie »vereint und solidarisch« sei, verteidigte der amtierende Ratsvorsitzende den Kompromiss und ersetzte unter der Hand dessen ursprüngliches Ziel, harte Sparmaßnahmen, durch die weiche politische Absicht der »Einigkeit«. Die deutsche Seite wollte der kurzfristigen Fokusverlagerung nicht widersprechen und lobte verhalten ein »starkes Signal«.

Von dieser unverbindlichen Qualität sind zahlreiche Kompromisse aus Brüssel, wo man selten bereit ist, sich auf riskante Auseinandersetzungen einzulassen. Sie ersetzen Realpolitik durch Symbolhandeln und verschleiern die Differenzen zwischen ursprünglichem Anspruch und Verhandlungsergebnis. Zu diesem Zweck sind eigens eine Reihe folgenloser Begriffe, wie »hohes Maß an Übereinstimmung« oder der »gute Weg«, auf dem man sei, in das politische Vokabular der EU aufgenommen worden. Wahlweise betont man das »gute Klima«, in dem die Gespräche stattgefunden hätten, als Verhandlungserfolg. Keiner dieser wohlformulierten Kompromisse löst das Problem gemeinsamer Maßnahmen gegen Russland, derentwillen das Thema ursprünglich auf die Tagesordnung gesetzt worden war. Das ist dem deutschen Wirtschaftsminister nicht verborgen geblieben, wie seine nachdenkliche Äußerung »Sind wir schnell genug?« am Rande der Beratungen bezeugt. Der Brüsseler Umgang mit dem Instrument der kompromissvermittelten Übereinkunft weigert sich häufig, die politische Wirklichkeit unnachsichtig zur Kenntnis zu nehmen, und scheut die harten Erfordernisse des Gebens und Nehmens. Gute Kompromisse aber sind »radikal« im Sinne einer schonungslosen Bestandsaufnahme gegensätzlicher Interessen und unumgänglichen Gegebenheiten. Sie setzen bei den Beteiligten Mut und Durchsetzungsvermögen voraus. Radikalität als »Teil von jener Kraft, die stets das Böse will und stets das Gute schafft«, droht in der belgischen Metropole aber aus der Mode zu kommen. Statt ihrer entscheidet der Rückzug auf bürokratische Richtlinien und Vorschriften den Gang der Dinge. Das sorgt zwar im Augenblick für ruhigen Geschäftsgang, zieht aber notwendig eine raue Gangart in den unübersichtlichen Zeiten, die vor uns liegen, nach sich.

Der ideale Kompromiss kommt zügig zustande und bleibt auf Dauer. Trotz seiner meist erheblichen Komplexität ist er allgemein verständlich. Der Nehmende ist mit seinem Zugewinn zufrieden, während der Gebende die unvermeidlichen Kosten bereitwillig akzeptiert. Kurz: Er ist die seltene Ausnahme.

Kompromisse sind im Gegensatz zu ihrer perfekten Gestalt häufig verworren und schwer durchschaubar. Die eingebrachten Interessen widersprechen sich, denn andernfalls wäre die Kompromisssuche unnötig gewesen. Der Nehmende ist selten zufrieden. Der Gebende hat Verluste zu beklagen, deren Rechtmäßigkeit ihm nicht restlos einleuchtet. Zudem berühren Kompromisse häufig die Interessen Dritter, die sich dann ihrerseits in das soziale Getümmel um das Bemühen einer Einigung stürzen.

Die Suche nach einvernehmlichen Lösungen kann sich deswegen auf krummen Wegen lange hinziehen. Manche Kompromisse entstehen, bevor die Konsequenzen der Übereinkunft bis in die Einzelheiten durchdacht wurden.

Bemüht um Anerkennung nach erfolgreichem Abschluss oder ermüdet von ausweglosen, entmutigenden Auseinandersetzungen, geben wir uns mit einem naheliegenden Ergebnis zufrieden, während kompromissloses Bestehen auf weiteren Verhandlungen notwendig gewesen wäre.

Gute Kompromisse bewegen sich entlang der wesentlichen Faktoren, durch die eine Konfliktlage definiert ist. Deren Ausgleich zählt zum harten Brot der Kompromisssuche. Wer sich mit Nebensächlichkeiten zufriedengibt und über das Kantinenessen statt der Lohnhöhe Einigung sucht, vermag zwar Erfolg zu vermelden, aber die Übereinkunft wird kraftlos bleiben und stets gefährdet sein, da sie dem Augenblick und der Überforderung statt den Vorgaben der Realität geschuldet ist. Wir »geben uns zufrieden«, wo Unzufriedenheit gefordert war.

Eine besondere Rolle scheint in diesem Zusammenhang der »Klügere« zu spielen, denn der »gibt« einer alten Einsicht zufolge »nach« und akzeptiert Verluste, die er bei schärferer Gangart vermieden hätte. Das Gegenteil ist richtig. Der Klügere gibt nicht nach, sondern lehnt nach reiflicher Überlegung selbstbewusst einen Kompromiss ab, der, alles bedacht, zu seinem Nachteil wäre. Nachgiebigkeit, die auf eigenen Vorteil verzichtet, ist vordergründig ein schlechter Ratgeber bei der Suche nach Kompromissen.

Wer auf der Suche nach Kompromissen ist, muss seine Sache standhaft vertreten. Auf einem Kompromiss, der eigener Schwäche geschuldet ist, liegt kein Segen, sondern die Wut über den »verlorenen Groschen«.

Beim Blick auf das große Ganze aber kann der »Klügere« indes gut beraten sein, einen Kompromiss einzugehen, der seine berechtigten Ansprüche nur zum Teil berücksichtigt. Er opfert dann seine Anrechte dem sozialen Frieden, den ein Kompromiss häufig bewirkt.

Ein guter Kompromiss indes gibt jedem, was ihm unter den vorliegenden Umständen zusteht. Vor allem die Einsicht, dass »mehr nicht drin gewesen war«, garantiert Bestand und Haltbarkeit. »Nach dem Kompromiss ist vor dem Kompromiss«, lautet eine alte Faustregel im Geschäft. In Abhängigkeit von äußeren Umständen werden Kompromisse zwischen Menschen vereinbart. Folglich liegt die Frage nahe: Wem fallen sie leichter? Und damit verbunden: Wer wird zeit seiner Tage Schwierigkeiten mit ihnen haben?

An erster Stelle tun die üblichen Verdächtigen, Intelligenz, Empathie und soziale Geschicklichkeit, die auch anderwärts nützlich sein können, guten Dienst bei der Suche nach Kompromissen, zudem wenn sie sich mit Großzügigkeit und Verlässlichkeit verbinden. Überraschend kommen aber auch eine Reihe persönlicher Eigenschaften, wie »Trägheit« und »Bequemlichkeit«, »Faulheit« und »Feigheit«, die sonst keinen guten Leumund haben, bei der Kompromisssuche zum erfolgreichen Einsatz.

Es sind indes nicht nur die Befugten am Verhandlungstisch, die über das Geschick zukünftiger Kompromisse entscheiden. Ebenso einflussreich ist draußen vor der Tür das Publikum, dessen Interessen auf der Tagesordnung stehen. Seine Geduld und Ausdauer sind meist ebenso begrenzt wie seine Kenntnisse der Materie. Trotzdem hat es in der Regel eine starke Meinung und zögert nicht, sich über die Medien, die Schlachtfelder der Moderne, mit entschlossener Kritik Gehör zu verschaffen. Der mündige Bürger, das neue Geschöpf der Aufklärung, mischt sich unüberhörbar ein, wenn seine Interessen verhandelt werden. Ohne Zweifel waren

Verhandlungen im Zeitalter des Feudalismus schlichtes Tagwerk im Vergleich zu den Herausforderungen, denen sich gegenwärtig ein europäischer Politiker bei seinem täglichen Geschäft gegenübersieht. Er ist umzingelt von organisierten Interessen, den eigenen Gefolgsleuten, der Opposition, Wählern und Medien, und alle wissen es besser!

4 Aus deutschen Landen

»Die Weisheit ist die Mutter der Verständigung.
Weise ist in Deutschland selten regiert worden.«

Walter Langlott

Eine erste Ahnung, welche Rolle der Kompromiss in der deutschen Geschichte spielen könnte, vermittelt die ebenso stolze wie kategorische Erklärung Martin Luthers 1521 auf dem Wormser Reichstag: »Hier stehe ich und kann nicht anders«, soll heißen: auf keinen Fall eine gütliche Einigung suchen.

Die Deutschen haben sich seither, wenn sie Starrköpfigkeit zur Tugend erklären wollten, gerne auf Luther bezogen, was gemeinsamen Beschlüssen nur in Ausnahmen dienlich war. Der deutsche Nationalcharakter und sein Misstrauen gegenüber Kompromissen galt hiernach den Nachbarn als rechthaberischer, unnachgiebiger Geselle.

Für lange Zeit war das Heilige Römische Reich Deutscher Nation jedoch so schwach, dass es froh war, wenn es überhaupt an Verhandlungstischen Platz nehmen durfte. Seine zurückhaltende Haltung zum Kompromiss spielte selten eine entscheidende Rolle. Schließlich wurde es drei Jahrhunderte später von Napoleon zur Seite gefegt und verschwand als politische Kraft von der europäischen Landkarte.

Nach einem kurzen Zwischenspiel sanfter Verträglichkeit in

Biedermeier und Romantik bemächtigte sich Fürst Bismarck der Reichsreste und nahm das Heft des Handelns an sich, gewappnet mit einer Einsicht Carl von Clausewitz', dem der Krieg die »bloße Fortsetzung der Politik mit anderen Mitteln« war. Mit dieser Rechtfertigung im Tornister hob der spätere Reichskanzler über drei Waffengänge das Deutsche Reich aus der Taufe.

Wobei Bismarck sofort und vor allen anderen begriff, welch weltpolitisches Husarenstück ihm da gelungen war. Er wusste, dass die europäischen Großmächte, überrascht von der Entwicklung, den Neuling nur vorläufig tolerieren würden und dass dessen eigentliche Bewährungsprobe eine Generation entfernt in der Zukunft lag. Für diesen Zeitpunkt musste umgehend durch eine kluge Bündnispolitik und zurückhaltendes Auftreten vorgearbeitet werden.

Die Machthaber im neuen Reich waren deswegen bemüht, sich Takt und Zurückhaltung als Handwerkszeug einer auf Verständigung und Kompromisse angelegten Politik anzueignen: Bismarck bemerkte am 12. Juni 1882 in einer Reichstagsrede: »Die Basis des konstitutionellen Lebensprozesses ist überall der Kompromiss«, und bekräftigte Jahre später und um viele Erfahrungen reicher am 12. Januar 1987: »Keine Verfassung kann ohne Kompromiss existieren.« Wortkräftig unterstützt von seinem Zeitgenossen, dem nationalliberalen Schriftsteller Gustav Freytag: »Die Grundlage jeder segensreichen politischen Tätigkeit ist der Kompromiss.« Dem schloss sich schlicht Fontane an: »Ich bin nun mal für Frieden und Kompromiss.«

Allein: Es hat nicht gereicht. Ihre Bemühungen werden vergeblich gewesen sein. Sie blieben Einzelstimmen im Konzert der nationalen Selbstfindung.

Beschwingt reimte der deutsche Nationaldichter jener Zeit, Felix Dahn, in heftigen Abwehrkämpfen gegen diejenigen verstrickt, die, unter der Parole »Die Waffen nieder« ein friedfertiges, zu Kompromissen bereites Reich wollten:

»Die Waffen hoch! Das Schwert ist Mannes eigen:
Wo Männer fechten, hat das Weib zu schweigen.
Doch freilich, Männer gibt's in diesen Tagen,
die sollten lieber Unterröcke tragen!«[6]

Mit solchen Deutschen war schlecht Kirschen essen, zumindest was das Ringen um Kompromisse betraf. Sie waren weiterhin angestrengt auf der Suche nach der Antwort, wer sie denn eigentlich seien, und befürchteten, dass Kompromisse das magische Dreieck ihrer Identität, »Gott – Ehr – Vaterland«, »aufzuweichen und zu verwässern« drohten.

Auf die Frage, was er vom guten Preußen erwarte, antwortete der Sieger von Königgrätz, einer der entscheidenden Schlachten auf dem Weg zur deutschen Einheit, Generalfeldmarschall Emil von Roon: »Steuer zahlen, dienen, Maul halten.« Das lässt ahnen, welche Bedeutung die preußische Generalität, die eine Generation später eine entscheidende Rolle beim »Griff nach der Weltmacht« spielen sollte, dem Kompromiss als politischem Gerät beimaß. Er galt ihnen weiterhin als weibischer Bruder der Tat und Gegner »couragierter Entscheidungen«.

Dem Ersten Weltkrieg, in dem Bismarcks politisches Erbe in den Schützengräben von Verdun verschleudert worden war, folgte die Weimarer Republik, deren Vertreter im Namen eines neuen Begriffs, dem der »Kriegsschuld«, umgehend die Kompromisslosigkeit der Sieger zu spüren bekamen. Der Versailler Vertrag war als unerbittliches Diktat von Beginn an zum Scheitern verurteilt und führte nach zwei Jahrzehnten konsequent in den nächsten Waffengang.

Für die Mehrheit der Abgeordneten der neuen Republik waren Kompromisse eine »Gefährdung ihrer als richtig erkannten Gesellschaftsentwürfe«. Mit denen war es schwierig, auf einen Nenner zu kommen. Die Gräben zwischen den Parteien, den der demokratischen Idee zufolge geborenen Vertretern friedlicher Übereinkünfte, wurden rasch tiefer, was eine »zunehmende Kompromissunfähigkeit des Reichstages« nach sich zog. Das Land wurde nach und nach unregierbar.

Die Weimarer Republik blieb eine Demokratie ohne Demokraten. Oswald Spengler, der führend Kopf einer »konservativen Revolution«, forderte die »Befreiung von den Formen englisch-französischer Demokratien«. Sein Bruder im Geist Carl Schmitt befand bündig: »Das Beste in der Welt ist ein Befehl.« Auch die Linke, überzeugt von ihrer materialistischen Geschichtsmechanik, zeigte wenig Interesse an Übereinkünften, die den natürlichen Gang der Dinge nur verzögert hätten. Zur ersten Friedensjahreswende erklärte Karl Liebknecht, einer der Gründer der Kommunistischen Partei Deutschlands: »Die Regierung Ebert-Scheidemann ist der Todfeind des deutschen Proletariats. Wir wollen die eiserne Faust erheben, gegen jeden, der sich uns entgegenstellt.« Mit Todfeinden ist in der Tat schlecht friedfertig verhandeln. Seine Mitstreiterin Rosa Luxemburg forderte in der *Roten Fahne*, dem Parteiorgan, die »Niederwerfung der herrschenden Klasse mit der ganzen Brutalität«. Während das »revolutionäre Subjekt«, die Arbeiterklasse, ganz im Sinne einer demokratischen Kultur die zerstrittenen linken Fraktionen beschwor: »Proletarier, einigt euch, wenn nicht mit, dann über die Köpfe euer Führer hinweg.« Es blieb vergeblich. Unbeugsam bis

46

zum letzten Augenblick, sollten sie eine Dekade später mitsamt der Republik untergehen.

Schließlich beschlossen die Deutschen – ohne Not, aus freien Stücken –, was die Vorfahren aufgebaut und überliefert hatten, ein weiteres Mal kompromisslos in die Waagschale einer finalen Entscheidung zu werfen.

Wenige Jahre später waren sie kurz davor, alles zu verlieren, wenn die Alliierten sie nicht überwältigt und vor sich selbst gerettet hätten.

Die siegreichen Verbündeten, vor allem die Amerikaner, erkannten schnell, dass den Deutschen in den Jahren des bodenlosen Nihilismus die zivilisatorischen Handwerkstugenden der Vielstimmigkeit – und damit verbunden die Kompromisssuche – abhandengekommen waren, ebenso wie die Einsicht, dass Politik in einer parlamentarischen Demokratie »notwendig zu großen Teilen Parteipolitik ist«, wie Wolf Lepenies bemerkt.

Sie legten, einmalig in der Geschichte der Sieger, ein »Re-Education«-Programm auf, mit dem Ziel, durch die »Aufwertung von argumentativen Gesprächen« eine »kulturelle Praxis des Streits« zu etablieren. Kurz: Sie führten die »verspätete Nation«, die nie das Glück gehabt hatte, vom gemeinsamen Schicksal der westlichen Nationen getragen zu werden, geduldig in die Praxis der Kompromissbildung ein. Denn Erziehung zur Demokratie, und um die ging es, ist Einübung in den Kompromiss.

Neue Ideen brauchen neue Formen. In diesem Fall war es *Der internationale Frühschoppen* der, nach dem Vorbild von *Meet the Press*, zum ersten Mal im Jahr 1953 im deutschsprachigen Raum auf Sendung ging und über die nächsten 35 Jahre zum Sonntagsvormittagsritual lernbegieriger westdeutscher Familien gehören sollte. Wer heute die Handvoll älterer Männer, die unentwegt rauchten, Wein tranken und gelegentlich angeheitert waren, bei ihren Bemühungen beobachtet, das deutsche Bewusstsein auf den Pfad demokratischer Tugenden zu führen, kann ermessen, in welch beklagenswertem Zustand dieses nach dem Krieg gewesen sein muss.

Trotzdem: Es hat geklappt.

Die Vertreter der Bonner Republik ließen vorläufig die Finger von den großen Zusammenhängen. Sicher aufgehoben unter dem Atomschirm der Amerikaner, zogen sie sich aus der internationalen Politik zurück und übten daheim am Rhein zu Füßen des Siebengebirges den Umgang mit der ungewohnten politischen Gestaltungstechnik.

Die großen, strittigen Themen der Anfangszeit – Westintegration, Wiederbewaffnung, Konfessionsschulen, Ostpolitik, Gleichberechtigung und andere mehr – wurden im Rahmen gelegentlich heftiger, aber zumeist ziviler Auseinandersetzungen diskutiert und schließlich im Konsens abgearbeitet: Die Bundesrepublik war in der Welt der Kompromisse und damit in der Weltgemeinschaft angekommen.

Das Schlusswort dieser Entwicklung gehört dem damaligen Bundeswirtschaftsminister Ludwig Erhard, der später für zwei kurze Jahre, bis er seinen Parteikollegen zum Opfer fiel, auch noch Kanzler sein durfte. »Ein Kompromiss«, so Erhard, »das ist die Kunst, einen Kuchen so zu teilen, dass jeder meint, er habe das größte Stück.«

Das ist zwar genau die falsche Idee vom Kompromiss – denn zu dem gehört wesentlich die Einsicht beider Seiten in die Notwendigkeit von Opfern und Verlusten –, aber die neue Friedfertigkeit, in deren Schoß sich die Westdeutschen behaglich eingerichtet hatten, versuchte auf diese Weise, selbst den verträglichen Kompromiss zu zähmen. Wäre es nach den Politikern damals gegangen, hätte es in dieser Form ewig weitergehen können.

5 Neue Heimat für den Kompromiss

»Was interessiert mich mein Geschwätz von gestern.«

Konrad Adenauer

Der größte Glücksfall für die junge Republik und damit für die Entwicklung einer Kompromisskultur, war dem Zufall geschuldet. Ihr zukünftiger Kanzler Konrad Adenauer hatte sich nach einer langen Amtszeit als Oberbürgermeister von Köln 1933 nach Rhöndorf am Rhein in den Schatten des Drachenfelsen zurückgezogen. Dort verbrachte er unauffällig die Jahre des Dritten Reiches, um sich nach Kriegsende aus dem politischen Ruhestand zurückzumelden.

Umgehend lieferte er den Beweis seiner überragenden politischen Talente ab, als es ihm gegen alle Wetten gelang, das etwa zwanzig Kilometer von seinem Altersruhesitz entfernte Bonn als künftige Hauptstadt durchzusetzen. Sein Sieg über die Mitkonkurrenten Frankfurt und Berlin war eine politische Meisterleistung und signalisierte, dass fortan das Schicksal, zumindest der Westdeutschen, in kundigen Händen liegen würde. Zudem durfte man sicher sein, dass Adenauer als ehemaliges Oberhaupt einer Großstadt das Geschäft der Kompromisssuche beherrschen würde. Dies war auch dringend gefordert, wie sich bald zeigen sollte.

Das bedrohliche Wort von einer »gespaltenen« Bevölkerung zu jedem Thema, das auf der öffentlichen Tagesordnung steht, war zum täglichen Kleingeld im politischen Geschäft geworden. Der Staat jedoch, der nun neu entstehen sollte, war bereits vor seiner Gründung so tief gespalten, wie er es danach nie wieder sein würde. Auf der einen Seite waren diejenigen, die Gefallene zu beklagen hatten oder als Kriegsversehrte von den Schlachtfeldern zurückgekehrt waren, die Ausgebombten und schließlich Millionen von Vertriebenen, die im Osten Hab und Gut zurücklassen mussten. Ihnen gegenüber die sesshaften Unversehrten, die weiter in ihren eigenen vier Wänden wohnen durften oder als Landwirte unmittelbar nach Kriegsende ihre Felder bestellen konnten.

Ohne einen Kompromiss, der beiden Seiten in gleichem Maß Recht wie Unrecht zumutete, wäre die neue Republik friedlich nicht zu haben gewesen.

Nach heftigen und endlosen Auseinandersetzungen schlossen die Westdeutschen am 14. August 1952 mit dem »Lastenausgleichsgesetz« Frieden untereinander

»In Anerkennung des Anspruchs der durch den Krieg ... besonders betroffenen Bevölkerungsteile auf einen die Grundsätze der sozialen Gerechtigkeit ... berücksichtigenden Ausgleich von Lasten«, heißt es etwas ungelenk in der Präambel.

Wer seine Immobile etwa unbeschädigt durch den Krieg gebracht hatte, war gehalten, 50 Prozent ihres Vermögenswertes innerhalb einer Frist von dreißig Jahren in vierteljährlichen Raten abzuführen. Das wurde mit der Zeit und in der Summe die größte ordentliche Umverteilung auf deutschem, wahrscheinlich aber auf jedem Boden. Die Einzelheiten: Hausratshilfen, Kriegsschadenrente, Eingliederungsdarlehen oder Wohnraumhilfen zählen zu den Prunkstücken demokratischer Kompromisskultur und bilden die sozialpolitische Grundlage der neuen deutschen Geschichte. Von nun an konnte in Bonn mit dem Regieren begonnen und die Themen, die bereits zahlreich auf der Tagesordnung standen, ernsthaft in Angriff genommen werden.

Der amerikanische Autor in Spionagedingen John Le Carré behauptet zwar ziemlich zutreffend, Bonn sei »halb so groß wie der Zentralfriedhof von Chicago, indes doppelt so tot«. Aber Bonn war – fernab von Wiederaufbaulärm und zerstörten Innenstädten, Flüchtlingsströmen und Notunterkünften – genau der richtige Ort, um sich in die ungewohnte Form des Regierens einzuarbeiten.

Niemand erwartete vorerst bedeutsame Politik aus dem zwischen Bonn und Bad Godesberg im Abseits gelegenen Regierungsviertel. Eine kritische Hauptstadtpresse fand sich erst nach und nach ein. Die Fernsehberichterstattung lag exklusiv in den freundlichen Händen der *Tagesschau*, und selbstredend des *Frühschoppens*.

Die internationale Gemeinschaft ließ den Deutschen zunächst Zeit, sich in Ruhe selbst zu finden. Regierung wie Opposition nahmen die großzügig gewährte Pause von der Weltpolitik gerne in Anspruch und nutzten die Zeit, um im nationalen Selbstverständnis aufzuräumen. Einiges, wie Großmachtträume oder das deutsche Wesen, an dem die »Welt genesen« sollte, hatte sich im alliierten Geschützfeuer bereits erledigt. Anderes, wie die nationalsozialistische Weltanschauung, die Neigung zu Gehorsam und ein rassistischer Dünkel anderen Völkern gegenüber, brauchte einige Zeit, bis sie entsorgt waren.

Neu ins Bewusstsein wurde die Fähigkeit aufgenommen, in Ambivalenzen zu denken, sowie die Einsicht, dass es zu jedem Problem stets zahlreiche Lösungsmöglichkeiten gibt, zwischen denen Kompromisse zu vermitteln suchen. Gleicherweise musste ein anspruchsvolles Zivilisationsprojekt, das im Dritten Reich verlorengegangen war, wieder zum Leben erweckt werden: die Überwindung des Freund-Feind-Schemas durch die soziale Rolle der »Gegnerschaft«.

Mit Feinden kannte man sich aus! Ein Feind muss mit dem Ziel der Vernichtung »bekämpft« und zur Strecke gebracht werden. Innerhalb nationaler Grenzen und im politischen Geschäft herrschen jedoch die Maßstäbe und Regeln der Gegnerschaft. Gegner vertreten ohne den Anspruch auf Ausschließlichkeit konträre Standpunkte und bemühen sich nach den Vorgaben »gleichberechtigter Übereinkunft« um eine kollektive Lösung der vorliegenden Probleme. Den Bemühungen liegen das tiefere Motiv des Ausgleichs und die Einsicht in die unvermeidbare Vielfalt der Meinungen und Interessen zugrunde.

In der Bonner Republik, deren Vorgänger sich über drei Jahrzehnte die ganze Welt zum Feind gemacht hatte, wurde Friedfertigkeit gemeinsam mit einer entspannten Gelassenheit umgehend zur Staatsraison. Erstaunlich zügig entsorgte man die Beigaben der alten Unversöhnlichkeiten: Nationalismus und Rechtsextremismus.

Bevor man sich anschließend auf die Niederungen der Tagespolitik einlassen durfte, galt es, eine Grundsatzentscheidung zu treffen, deren Folgen, wie den Beteiligten bewusst war, weit in die Zukunft reichen würden. In seiner ersten Regierungserklärung erklärte Konrad Adenauer im Jahre 1949: »Es besteht für uns keine Zweifel, dass wir nach unserer Herkunft und nach unserer Gesinnung zur westeuropäischen Welt gehören.«[7] Das war die Begründung für seine Politik der »Westbindung« und die Einbindung des westdeutschen Teilstaates in das Bündnis westlicher Staaten.

Adenauers politische Vorgabe wurde bald von der Mehrheit der Westdeutschen mitgetragen, denn die amerikanische Zivilisation, die sich nun mächtig Raum schaffte, war mit Geschirrspülmaschinen und Hollywoodfilmen, nicht zu vergessen Jeans und Rock 'n' Roll, eindeutig im Vorteil und hatte attraktivere Angebote in den Auslagen als die Konkurrenz im Osten.

Mit der Westbindung war untrennbar die Verpflichtung zur Demokratie einschließlich ihren Anforderungen und Vorgaben verbunden.

Der Vollzug dieser Politik bedeutete indes, dass auf unabsehbare Zeit eine Wiedervereinigung ausgeschlossen blieb. Während es in Westdeutschland bald »aufwärts« ging, steckten die Ostdeutschen über Jahrzehnte in grauen hoffnungslosen Bedingungen fest. Sie haben über vier Jahrzehnte die Rechnung für die gemeinsame deutsche Vergangenheit in Form von Entbehrungen und Unfreiheit begleichen müssen.

Bevor die neue Republik Fahrt aufnahm, gab ihr der Zeitgeist noch ein Geschenk, den Begriff der »Stunde null«, mit auf den Weg, konkret den Zeitpunkt 8. Mai 1945 und Tag der bedingungslosen Kapitulation und des Zusammenbruchs des NS-Staates. Seine Ursprünge liegen im Dunklen. Vermutlich war der Film *Deutschland im Jahre Null* von Roberto Rossellini aus dem Jahr 48 bei der Verbreitung des Begriffs hilfreich. Die Zeitgenossen nahmen die Anregung gerne in Gebrauch, denn dahinter verbarg sich die Vorstellung eines voraussetzungslosen Neuanfangs, der auf seine Vergangenheit keine Rücksicht nehmen musste. Demnach war Geschichte keine Abfolge von Ereignissen, die stets und untrennbar miteinander verschränkt bleiben, sondern würde an bestimmten Punkten neu ansetzen können, während die Vergangenheit spurlos zurückbleibt.

Die Auseinandersetzung mit den Ereignissen zurückliegender

Jahre lohnte demnach nicht, denn sie würden nach der Stunde null keine Rolle mehr spielen. In meiner Familie kam diese Haltung mit dem Hinweis »Man soll diese Dinge auch mal auf sich beruhen lassen« zum Ausdruck. Mit »diesen Dingen« waren der Holocaust und das Wüten der deutschen Armeen im Osten gemeint. Das war ein wirkungsvoller Kunstgriff, der es dem Täterkollektiv, den Deutschen, vorerst erlaubte, ein schuldbefreites Leben jenseits der eigenen Vergangenheit zu führen. Ewig konnte diese Luftnummer sich nicht halten. Über zwei Dekaden tat sie jedoch guten Dienst, bis sie schließlich vor den Geschichtswissenschaften und Dokumentarfilmen wie Erwin Leisers *Mein Kampf* kapitulierte und sich aus der Öffentlichkeit zurückzog.

Im Wahlkampf 1949 unternahm die FDP mit der »Schlussstrichkampagne« einen ersten Versuch, das sperrige Thema zu entsorgen. »Schluss mit Entnazifizierung und Entmündigung«, hieß es auf einem ihrer Plakate. Nach verärgerten Reaktionen aus dem Ausland verschwand der »Schlussstrich« offiziell wieder in der Asservatenkammer untauglicher politischer Strategien.

Bonn suchte vorerst sein Heil in politischer Unauffälligkeit und richtete sich abseits der Weltpolitik ein. Während in Korea Kämpfe ausbrachen und der Kalte Krieg begann, wurde in Bonn gelassen und zurückhaltend regiert. Die »Aufbauphase« jener Zeit betraf nicht nur die zerstörten Städte und Industrieanlagen, sondern ebenso die Einrichtung einer demokratischen, politischen Kultur. Überraschend schnell und reibungslos entstand aus ersten ungelenken Anfängen eine demokratische Regierung über eine friedfertige Bevölkerung.

Die Entwicklung hatte Substanz. Eine der wichtigsten Bausteine für die zukünftige Kompromissfähigkeit der jungen Republik auf internationaler Ebene sollte der Artikel 24 des Grundgesetzes sein. Der Bund kann sich zur Wahrung des Friedens einem »System kollektiver Sicherheit einordnen«, heißt es dort, und »hierbei in die Beschränkung seiner Hoheitsrechte einwilligen«. Dieser Vorgriff auf zukünftigen Verzicht auf staatliche Souveränität war neu und »ungewöhnlich«, wie der Amerikaner James B. Conant, der seinem Land zwischen 1953 und 1957 als Hoher Kommissar in Berlin diente, später anerkennend bemerkte.

Artikel 24 eröffnete neue, ungeahnte Dimensionen und Chancen im internationalen Geschäft der Kompromisssuche, denn er bot der Regierung Verhandlungsspielräume ohne den zeitraubenden Rückgriff auf parlamentarische Debatten zur nationalen Souveränität. Er wurde die Grundlage des langen Weges, der 1952 mit der »Europäischen Gemeinschaft für Kohle und Stahl«, der Montanunion, begann und vier Dekaden später – einschließlich ungezählter Kompromisse – in Maastricht mit der Gründung der Europäischen Union seinen Abschluss fand. Der unscheinbare Artikel, der unter den Deutschen nie umstritten war und von Beginn an eine beiläufige Präsenz im Grundgesetz führte, bezeugt, welche Konsequenzen wenige Sätze langfristig haben können, wenn sie in die richtigen Hände geraten.

Mit der Zeit wurde der Wellenschlag zwar höher, auch Gegnerschaft braucht Zeit, sich zu entwickeln, aber die Heftigkeit der Auseinandersetzungen hält sich bis heute in Grenzen. Im Gegenteil, man hätte sich häufig eine entschlossenere Gangart vorstellen können. Das hohe Amt des Bundestagspräsidenten, der die Debatten auf erträglichem Niveau zu halten hat, galt und gilt noch immer als gemütlicher Posten, der von seinem Inhaber selten entschlossenes Eingreifen verlangt.

Der erste Ordnungsruf galt 1949 dem KPD Abgeordneten Heinz Renner, der Bundeskanzler Adenauer standhaft »Hetzer« zurief. Wenig später, am 25.11. des Jahres, fiel das Wort vom »Bundeskanzler der Alliierten« durch den SPD-Abgeordneten Kurt Schumacher. Das Protokoll verzeichnete anhaltende Empörung, der man erst durch die Unterbrechung der Sitzung Herr wurde. Über die Jahrzehnte sammelten sich weitere Invektiven wie »Flaschenkopf«, »Übelkrähe«, »Mini-Goebbels« oder »Kabinettgruftie« an. Der politische Gehalt der Zwischenrufe nahm bis hin zu Joseph Martin (Joschka) Fischers »Mit Verlaub, Herr Präsident, Sie sind ein Arschloch« von 1984 erkennbar ab.

Wer sich bei den großen Themen einig ist, dem bleibt viel Zeit für ungestüme Händel zu Nebensachen, und die wurde weidlich genutzt. Wer erinnert sich heute noch an Waldemar Schreckenberger oder Christian Schwarz-Schilling, der als Postminister für viel Geld angeblich die falschen Kabel verlegen ließ? Schließlich, nicht zu vergessen, der Soldatenfriedhof von Bitburg. Diese »Affären«, die seinerzeit die Wogen hochgehen ließen, haben sich nebst ihren Hauptdarstellen längst in die ruhigen Nischen der Vergesslichkeit zurückgezogen und sind dort gut aufgehoben.

Als ich mich zum Dienstantritt im Herbst 1983 im Bonner Hauptstadtstudio der ARD einfand, verfügte ich über ein tadelloses kritisches Bewusstsein und stellte mich nur zögerlich dem Pressesprecher des CSU-regierten Innenministeriums, Michael-Andreas Butz, als neuen Kollegen aus dem ARD-Hauptstadtstudio vor. Der empfing mich freundlich, bot Kaffee an und wies auf einen Stapel Akten, der vor ihm auf dem Schreibtisch lag. »Das haben meine Beamten über Sie zusammengetragen«, erklärte er. »Sie haben ja eine vorbildliche linke Vergangenheit.« – »Und nu?«, wusste ich nichts Besseres zu antworten. »Keine Sorge«, beruhigte er mich, »in Bonn hat noch jeder Vernunft angenommen.«

So ist es wenige Wochen später auch gekommen, als ausgerechnet sein Chef, der damalige Innenminister Friedrich Zimmermann von der CSU, genannt »Old Schwurhand« – ein unerlässlicher Gegner für jeden aufrechten Demokraten –, den Katalysator zur Rettung des deutschen Waldes vor saurem Regen einführte. Die mutigste umweltpolitische Entscheidung, die je getroffen worden war, erschütterte nachhaltig mein fortschrittliches Weltbild, nebst den bewährten Feindschaften. So oder ähnlich ist es vielen ergangen, die auf dem Tulpenfeld zwischen Bonn und Bad Godesberg damals Dienst getan haben.

In der Rückschau wirkt die Bonner Betriebsamkeit heute harmlos wie der Landschulheimaufenthalt einer Klasse von Obersekundanern. Es gab ständig kurzfristige Reibereien um Probleme, die zu Recht längst vergessen sind, und unaufhörlich Personalquerelen, die Medien besonders schätzen, weil sie sich auf die schlichte Alternative »Geht er oder bleibt er« beschränken. Darunter waren selten ernsthafte Zerwürfnisse. Und selbst wenn sich einmal Gräben auftaten, lag immer Sand bereit, diese zuzuschütten.

In den meisten politischen Vorhaben war die Bereitschaft zum Kompromiss eingearbeitet, was lange und zähe Verhandlungen ums Detail nicht ausschloss. Eine der wenigen Ausnahmen ist das »Wendepapier«, das der Wirtschaftsminister im Kabinett Schmidt, Graf Lambsdorff, im September 1982 zu den drängendsten wirtschaftspolitischen Aufgaben der Regierung veröffentlichte. Des 30-seitige Papier sollte jedoch in Wahrheit jenseits aller Kompromisschancen das Ende der sozialliberalen Koalition einleiten. »Der Vorrat der Gemeinsamkeiten sei aufgebraucht«, hieß es in einer ebenso griffigen wie konsequenten Formulierung. Helmut Schmidt erzwang daraufhin den Rücktritt der FDP-Minister, und bereits im Oktober wurde Helmut Kohl zum Kanzler gewählt. Er sollte es 14 Jahre lang bleiben. Umgehend versprach er eine längst vergessene »geistig-moralische Wende«, aus der nie etwas werden sollte. Woher auch? Das Geistig-Moralische war in Bonn ohnehin nie recht heimisch geworden und Helmut Kohl der denkbar ungeeignetste Vertreter solch ehrgeiziger Ansprüche.

Das Lambsdorff-Papier, der erste Vorgang dieser Art in der Republik, hat damals Wunden hinterlassen. Es gab reichlich Tränen, Verratsvorwürfe und prominente Parteiaustritte. »Im Gegensatz zu den vorangegangenen, häufig heftigen Auseinandersetzungen war die Einlassung des Grafen von anderer Qualität. Sie schloss ausdrücklich den Kompromiss, für den es durchaus Chancen gegeben hätte, aus. Diese Radikalität war neu«, erinnert sich ein ehemaliger Kollege.

Mit dem Ende der sozialliberalen Koalition hielten Unversöhnlichkeit und Verbitterung Einzug ins Regierungsviertel, dessen bescheidene Ausmaße bislang eher für Nähe und Verständnis gesorgt hatten: »Die Gangart« sei »ohne Frage härter geworden«, hieß es plötzlich.

Die Sympathien der meisten Bonner Kollegen, wie auch der meinen, galten der sozialliberalen Koalition, die Graf Lambsdorff gerade zu Grabe getragen hatte. Selbst die betagte Dolchstoßlegende, die in den 1920er-Jahren wesentlichen Anteil am Untergang der Weimarer Republik gehabt hatte, musste herhalten, die Ereignisse zu enträtseln. Tatsächlich aber war es ein ordinärer Regierungswechsel nach demokratischen Regeln gewesen. Trotzdem stellte er von Beginn an und für einige Dauer die Kohl-Regierung unter einen diffusen Generalverdacht. Folglich betrachteten wir das Unternehmen »Wende« mit scheelen Augen, immer bereit,

Haare in der Suppe zu finden. Und die entdeckten wir reichlich. Unter dem Generalthema »Krach in der Koalition« wurde jede Unsicherheit und jede Differenz zwischen den neuen Koalitionspartnern bei ihren Bemühungen, eine Regierung auf die Beine zu stellen, zu einem Beweis für die Unfähigkeit der Neuen im Kanzleramt. »Sie können es nicht, woher auch?«, war man sich einig. Selbst der Kompromiss, treuer Begleiter durch drei Jahrzehnte, geriet in den Verdacht der Kumpanei mit Umständen, gegen die eigentlich Gegenwehr angesagt gewesen wäre. Schließlich beruhigten sich die Gemüter wieder. Zurück blieben einige Feindschaften, die noch über Jahre andauern sollten. Die Befähigung zum Kompromiss hatte indes keinen Schaden genommen. Im Zorn sind wenige gegangen.

Mit Ausnahme vielleicht von Oskar Lafontaine, als er am 11. März 1999 – für alle überraschend – als Finanzminister und SPD-Vorsitzender zurücktrat und sich ins heimische Saarland zurückzog, um dort eine teilweise bizarre Karriere in der bundesrepublikanischen Linken zu beginnen. Es ist im Nachhinein viel über seine Beweggründe spekuliert worden. Ich erinnere mich an Pressekonferenzen, in denen er spürbar seine Materie nicht beherrschte und überfordert keine überzeugenden Antworten auf die Fragen der Journalisten wusste. Sein Rücktritt wäre dann die Folge der Einsicht gewesen, dass ihm die Anforderungen als Finanzminister über den Kopf gewachsen waren. Es gibt keinen Rücktrittsgrund, der achtbarer wäre als das Eingeständnis der eigenen Unfähigkeit. Diese Lesart hat Reinhardt Klimt, sein Nachfolger als saarländischer Ministerpräsident, bestätigt: »Es war keine irgendwie politisch fundierte Aktion«, war er sich sicher, »er ist einfach ausgerastet.« Wer ausrastet indes, dem sind die Dinge selten so gelungen wie ursprünglich geplant.

Bemerkenswert ist vor allem die Stabilität, die der Bonner Republik über Nacht in den Schoß gefallen war. Die Beschenkten haben – von Ausnahmen abgesehen – guten Gebrauch von ihr gemacht und nur wenige Rückfälle in vordemokratische Zeiten zugelassen. Eines der seltenen Opfer war Helmut Kohl.

Ich habe mit Ausnahme von Norbert Blüm in meinen Jahren als ARD-Hauptstadtkorrespondent keinen Politiker getroffen, der ständig so gut drauf war wie Helmut Kohl. Er lachte gerne und viel und war, in erdiger Form freilich, nie um heitere Worte und einen zeittypischen Witz verlegen. Hinter verschlossen Türen indes konnte er rücksichtslos und unnachgiebig sein. Aber das darf von erfolgreichen Politikern erwartet werden. Im Vergleich zu seinen Vorgängern – durch die Reihe ansehnliche Männer, die dazu noch Hochdeutsch sprachen – war Kohl kahl, wohlbeleibt und blieb an seine Mundart gebunden. Er hatte weder die Askese Adenauers noch den Schneid von Helmut Schmidt oder die Bonhomie Kiesingers im Gesicht. Für so einen war schnell ein unvorteilhaftes Bild gefunden, das ihn anschließend durch Karikaturen, Feuilletons und Kleinkunstbühnen bis hin zu politischen Auseinandersetzungen nie wieder verlassen sollte: eine breite, unförmige, ewig grinsende Birne, die zwar nur einen schwachen Bezug zu seiner Kopfform hatte, aber funktionierte. Helmut Kohl ging keinem Händel aus dem Weg. Er wusste einzustecken. In seiner Studentenzeit hatte er den tadellosen Ruf erworben, dem christdemokratischen Standpunkt notfalls mit bloßen Händen Nachdruck zu verleihen Aber der unförmigen Birne war er hilflos ausgeliefert. Sie hat ihn sein Leben lang nicht mehr verlassen und tief verletzt, wie politische Weggefährten zur späten Stunde bei »Karlchen«, der Stammkneipe der konservativen Volksvertreter, erzählten.

Unter Friedrich Nowottny, der damals dem ARD-Hauptstadtstudio vorstand, war der Einsatz der Birne im Rahmen des *Berichts aus Bonn* streng untersagt. Recht besehen, hätten sich all diejenigen, die von der Birne je Gebrauch gemacht haben, einmal schämen sollen.

Den nächsten Rückfall in vordemokratische Zeiten verdanken wir einem fabelhaften Auftritt von Gerhard Schröder nach der Wahl 2005. Das Ergebnis war knapper ausgefallen, als die Sozialdemokraten ursprünglich befürchtet hatten. Schröder erreichte, wie er später erzählte, hochgestimmt und aufgekratzt den Technologiepark in Berlin-Adlershof, wo die Gemeinschaftssendung von ARD und ZDF zum Wahlausgang stattfinden sollte. Sein Chauffeur schloss sich der langen Wagenreihe vor ihnen an. Um die Fahrzeit zu überbrücken, hatte einer der beiden persönlichen Referenten eine Flasche Rotwein von der Feier im Willy-Brandt-Haus mitgehen lassen.

Während es langsam vorwärtsging, beobachteten sie, wie Angela Merkel in Begleitung von Ronald Pofalla von den Moderatoren der Sendung empfangen und in das Gebäude geleitet wurde. Als der Wagen mit den Sozialdemokraten endlich vorfahren konnte, war das Empfangskomitee der beiden Sender wieder verschwunden. Die vier stiegen aus, betraten das vereinsamte Gebäude, verliefen sich und irrten ratlos umher, bis ihnen ein junger Mann den Weg zeigte. »Ich hatte so einen Hals«, erzählte der damalige Kanzler später.

Während der langen Minuten in den dunklen Gängen fasste er den verwegenen Plan, seine unbestreitbare Niederlage als überraschenden Sieg auszugeben. Die Runde plätscherte erst einmal wie gewohnt vor sich hin, bis der Kanzler plötzlich seinem dicken Hals freien Lauf ließ.

Da keine ernsthaften Argumente zur Hand waren, behalf er

sich mit einem ungebärdigen und robusten Auftritt, feuerte un-
motiviert Lachsalven in die Runde und unterbrach die anderen
Gesprächsteilnehmer mit höhnischen Zwischenrufen. So einen
Auftritt eines amtierenden Bundeskanzlers hatte die Republik
noch nie erlebt. Fischer war peinlich berührt und Merkel hilflos genervt, Stoiber machte langatmig »deutlich«. Westerwelle,
der vom Showgeschäft einiges verstand, feixte durchgängig
und erklärte dem Kanzler: »Ich bin zwar jünger als Sie, aber
nicht blöder« und ergänzte später: »Ich weiß nicht, was Sie zu
sich genommen haben.« Zustimmendes Gelächter der anderen
Gäste. »Behaupten Sie im Ernst, die Wahl gewonnen zu haben?«, fuhr Schröder Angela Merkel an. »Sie werden keine
Kollation mit meiner sozialdemokratischen Partei hinkriegen.
Glauben Sie im Ernst, dass wir auf ein Gesprächsangebot von
Ihnen eingehen? Wir müssen doch die Kirche im Dorf lassen«,
legte er sich wie einst Martin Luther auf dem Wormser Reichstag laut und gegen jede Vernunft fest. Kurzum: Es war was los.
Wir erinnern uns in unstatthafter Sensationslust dankbar an
hilflose Moderatoren in einer der ungewöhnlichsten Sendun-
gen, die im braven öffentlich-rechtlichen System je zu sehen
gewesen ist.

Der Kompromiss als kostbares Allgemeingut war ohnehin nicht
in Gefahr geraten, denn der abgewählte Schröder würde auf Re-
gierungsebene keinen mehr verhindern oder schmieden können.
Die ordentlichen Berliner Verhältnisse zwangen ihn bereits über
Nacht zurück in die Realität. Doris Schröder-Köpf erklärte am
nächsten Morgen an seiner statt, schließlich war er noch Bundeskanzler, der Auftritt sei »suboptimal« gewesen. Damit war die
Sache offiziell erledigt, und Merkel bildete zusammen mit den
Sozialdemokraten ihre erste Große Koalition.

Später wurde erzählt, ohne dass wir einen eindeutigen Beleg

haben, Roland Koch, damals Ministerpräsident in Hessen, und sein Kollege aus Niedersachsen, Christian Wulff, hätten ebenfalls versucht, auf den langen Gängen in Adlershof einen Plan ins Auge zu fassen: den, Angela Merkel die Kanzlerschaft zu verweigern. Sie hätten sich in der Kürze der Zeit aber nicht einigen können, wer von den beiden antreten solle. Der treue Peter Hinze verlieh dieser Erzählung am Schminktisch des ARD-Morgenmagazins Glaubwürdigkeit, als er bestätigte: Der Auftritt Schröders habe »Merkel die Kanzlerschaft« gerettet, »vor dem Zugriff von Koch und Wulff« wäre vielleicht zu ergänzen.

6 Sir Dahrendorf – Die Entdeckung der Streitkultur

»Der Chefideologe des bejahten Konflikts«

Ulrike Meinhof

Ralf Dahrendorf, Jahrgang 29, aus der Flakhelfer-Generation, hat seine Landsleute als Hochschullehrer, Staatsminister und EU-Kommissar auf deren »langen Weg in den Westen« begleitet und in zahlreichen Publikationen jene Befindlichkeiten und sozialen Prozesse nachgezeichnet, die in »offenen Gesellschaften« notwendig Kompromisse nach sich ziehen.

Anfang der 1960er-Jahre stieß der junge Tübinger Soziologe auf der Suche nach einem persönlichen Alleinstellungsmerkmal in seiner Zunft auf den »Konflikt« als elementares Strukturprinzip jeder Gesellschaft. Das war damals, in einem Land, das dem Gleichklang und der Verständigung den Vorzug gab und sich selbst als »nivellierte Mittelstandsgesellschaft« (Helmut Schelsky) begriff, ein couragierter Ansatz. Von Konflikten wollten die Westdeutschen nach der turbulenten ersten Hälfte des Jahrhunderts vorerst nichts mehr wissen. »Wer den Konflikt als Krankheit versteht« und konfliktfreie Gesellschaften für möglich hält, liefert die Analyse »utopischen Träumereien« aus, bezog Dahrendorf Gegenposition zum vorherrschenden Konsens, und weiter: »Der Konflikt ist das Lebenselixier einer freiheitlich-demokratischen Gesellschaftsordnung.«

Dahrendorfs Entdeckung fiel auf fruchtbaren Boden. Im Zuge der Spiegelaffäre 1962 wurde der Konsensjournalismus der Nachkriegszeit von der politischen Zeitkritik abgelöst und die Scheu vor Konflikten aus den Anfangsjahren der Republik von einer Radikalisierung der Kritik durch eine Generation »zorniger jüngerer Männer« in allen Medien abgelöst.

Wer kritisiert, ist gemeinhin auf der Suche nach Differenzen zwischen Anspruch und Wirklichkeit und stößt dabei notwendig auf Konflikte. Was der Professor aus Tübingen als Theorie entwickelt hatte, wurde bald Bestandteil der landesweiten Debatten- und Entscheidungskultur. Zumal es Dahrendorf verstand, seine Theorie geschickt mit Ikonen des herrschenden Selbstbewusstseins zu verbinden. »Konflikt ist Freiheit«, befand er selbstbewusst und ergänzte: »Demokratie ist Regierung durch Konflikt.« Jahre später würde er, immer noch verblüfft über die Wirkung seiner Entdeckung, feststellen: »Das war tatsächlich ein Teil des Neubeginns. Selbst die Idee der Diskussion war uns neu. Dass man sich unterhält und dabei unterschiedliche Meinungen kundtut.« So neu war das zwar nicht, verriet aber einiges über die behagliche Selbstgefälligkeit, in der sich die Republik eingerichtet hatte.

Derart geadelt, wurde die neue Einsicht ohne Bedenken in die Schatztruhe demokratischer Grundsätze aufgenommen. Es sollte nicht lange dauern, und die Studentenbewegung sollte handgreiflich bezeugen, welche Sprengkraft dem neuen demokratischen Weggefährten eigen sein konnte.

Nachdem er im Alleingang dem Konflikt in der Bundesrepublik wieder zu Ansehen verholfen hatte, wäre der nächste Schritt die Entdeckung des Kompromisses gewesen als Mittel, konkrete Konflikte, die ja nicht auf Dauer gestellt sein wollen, entweder zu lösen oder zu neutralisieren. Seltsamerweise ist Dahrendorf nie auf die naheliegende Idee gekommen, den Kompromiss zu bitten, die unvermeidbaren Auseinandersetzungen zu zähmen. Vermutlich wollte er seiner Entdeckung jene beunruhigend-bedrohliche Qualität nicht wieder absprechen, die Ursache für ihre prächtige Entwicklung sowohl im wissenschaftlichen Diskurs wie in der politischen Debatte gewesen war.

Wobei der Kompromiss sehr viel anspruchsvoller und vielschichtiger ist als der im Vergleich genügsame Konflikt, der sich in der Hauptsache aus zwei Umständen entwickelt. Entweder vertreten die Beteiligten unterschiedliche Interessen zu einem gemeinsamen Thema, wobei die ganze Bandbreite menschlicher Aktivitäten von der abendlichen Wahl eines Restaurants – »Italiener oder Grieche?« – bis hin zum Wettrüsten zwischen Nationen Gegenstand der Konfrontation sein kann, oder die zukünftigen Konfliktpartner erheben Ansprüche auf knappe Güter wie den freien Sitz in der S-Bahn oder Kamellen vom Rosenmontagszug. Beide Konstellationen begleiten uns ständig sowohl durch den privaten Alltag wie auch auf allen höheren Ebenen sozialer Zusammenhänge. Wer ihnen entgehen will, wird nicht umhinkönnen, ein Leben als Einsiedler fernab sozialer Kontakte zu führen. Was sich wiederum nur in Ausnahmen mit unserer Bestimmung zum Sozialen verträgt.

Konflikte sind in der Regel von robuster Machart. Einmal in der Welt, sind sie bald identifiziert und ausgemessen. Was nicht bedeutet, dass die anschließende Suche nach Kompromissen einfach wäre. Denn mit ihnen kommt eine Vielfalt menschlicher Eigenarten wie Uneinsichtigkeit und Unvernunft ins Spiel, die häufig rationalen Argumenten gegenüber unzugänglich sind und von jeder Kompromisssuche Geduld und Zeit fordern, die ihrerseits zu den begrenzten sozialen Ressourcen gehören.

Zudem ist der Konflikt ein Kind der Gegenwart, während es der Kompromiss notwendig mit der Zukunft zu tun kriegt, die jedem,

der es mit ihr versucht, ein Höchstmaß an Weitblick und Realitäts-
sinn abverlangt, während die Ansprüche der Gegenwart eingedenk ihrer kurzen Verweildauer vergleichsweise gering sind.

Zu den ersten übergreifenden Versuchen, das neue Bewusstsein
von der Unabänderlichkeit von Konflikten nebst den unverzichtbaren Kompromissen in die Tat umzusetzen, gehört die »konzertierte Aktion«, die der damalige Finanzminister Karl Schiller
1967 aus der Taufe hob. Beobachter und Zeugen der Ereignisse
gewannen den Eindruck, dass zum ersten Mal Theorien der Sozialwissenschaften erfolgreich in praktische Politik umgesetzt
würden.

Das Wirtschaftswunder der Nachkriegszeit mit Wachstums-
raten von acht Prozent neigte sich nach zwei Dekaden damals
seinem Ende zu. Die neue Zeit begann bei stagnierendem Wachstum mit einer Arbeitslosenquote von 2,1 Prozent. In den ver-
wöhnten Ohren von Öffentlichkeit, Arbeitnehmern und Politikern
schrillten die Alarmglocken. Es wurde Zeit für Politik.

Am 14. Februar des Jahres bat Karl Schiller Gewerkschaften und
Unternehmer an einen »Tisch der gesellschaftlichen Vernunft«.
Über die Ziele der Runde – Wachstum, Beschäftigung und
Preisstabilität – herrschte zwar schnell Einigkeit, über die Wege
dorthin konnte jedoch auf Dauer und verbindlich keine Einigkeit
erzielt werden. Die Gewerkschaften fürchteten um ihre Tarifauto-
nomie, während die Unternehmerseite die Mitbestimmung ab-
lehnte. Zudem waren die Theorien vom unüberwindbaren
»Grundwiderspruch« zwischen Arbeit und Kapital längst nicht
überwunden. Sie bestimmten weiterhin das Bild von der Gegenseite als das einer steten Feindschaft.

Im folgenden Jahr war die konzertierte Aktion politisch und ökonomisch bereits wieder überholt. Die Wirtschaft stieg um 5,5 Prozent und im Jahr darauf um 7,5 Prozent. Die Vermutung, die konzertierte Aktion sei die Ursache des unerwarteten Aufschwungs gewesen, würde dieser jedoch zu viel Ehre antun. Die wirtschaftliche Erholung war Folge globaler Faktoren, die in keinem Zusammenhang mit den Bemühungen von Karl Schiller und seinen Gästen standen. Bei solchen Zahlen und den damit verbundenen Erträgen stehen überdies nicht Einigung und Kompromisse auf der Tagesordnung, sondern Lohnkämpfe und Streiks, die nicht lange auf sich warten ließen und als wilde Streiks und Rangeleien vor den Fabriktoren dazu beitrugen, dass ein Kapitel zunehmender Politisierung in der Geschichte der Bundesrepublik aufgeschlagen wurde.

Die konzertierte Aktion, einmal ins Leben gerufen, werkelte noch einige Jahre ohne nennenswerte Ergebnisse vor sich hin und sollte auf dem DGB-Kongress 1973 endgültig zu Grabe getragen werden.

Ein Ertrag ihrer Bemühungen, die von breiter Berichterstattung in den Medien begleitet wurden, war die Einsicht, dass Konflikte – ebenso wie Kompromisse – zum Bauplan jeder Gesellschaft gehören. Das Bild des DGB-Vorsitzenden Ludwig Rosenberg im Gespräch mit dem Präsidenten des Bundesverbandes der Deutschen Industrie, Fritz Berg, wurde zum kurzfristigen Sinnbild einer neuen Verträglichkeit und der Bemühungen, alte Gräben zu überwinden. Daraus wurde zwar vorläufig nichts, aber neues Bewusstsein braucht seine Zeit, um realitätstauglich zu werden.

Dieser Erkenntnis gesellt sich notwendig ein weiterer Mitspieler hinzu, jene »Verantwortung fürs Allgemeine«, die von den Beteiligten jenseits ihrer Einzelinteressen Verzichte im Dienst von

Kompromissen fordert. Nach und nach und über die Jahre entstand seither zwischen DGB und BDI ein Bewusstsein der gemeinsamen Verantwortung für das Land, und aus Tarifkämpfen wurden Verhandlungen im Rahmen allseitig akzeptierter Regeln.

Aus Konflikten entstehen Wandel und Fortschritt und die unvermeidliche Anpassung an neue Verhältnisse. So lästig sie sein können, eine Gesellschaft muss sie ertragen lernen. Andernfalls hat sie keine Chance auf Dauer. Konfliktreiche Auseinandersetzungen sind die Voraussetzung für die Entfaltung innovativer Kräfte in jeder Gesellschaft. Allerdings wird man nicht umhinkommen, sie zu regeln. Hinter dieser Notwendigkeit verbirgt sich neben Gesetzen und Traditionen auch der Kompromiss als Medium der Konfliktbewältigung.

Eine Generation später sollte die Sowjetunion in gelebter Praxis den unauflösbaren Zusammenhang zwischen Konflikt, Bewahrung und Fortschritt um den Preis ihrer Selbstauflösung einer fassungslosen Weltgemeinschaft vorführen.

»Wir leben in einer Welt der Ungewissheit.« Sie ist die Regel, Gewissheit und Verlässlichkeit indessen sind die Ausnahmen. »Gesellschaften befinden sich immer in einem Zustand der Unordnung«, hatte Dahrendorf erkannt. Sie stünden deshalb vor der Herausforderung, die Unordnung durch einen sozialpolitischen Rahmen einzuhegen, dessen Chancen und Zumutungen die Mehrheit zustimmen kann. Die allgegenwärtige Unsicherheit und die unübersehbare Vielfalt der Interessen sind Ursachen ständiger Zwietracht. Aus ihr folgt notwendig »Wandel« als Ausdruck gesellschaftlicher Veränderungen.

Mit dem Begriff des »Wandels« war Dahrendorf auf eine Goldmine im damaligen Bewusstsein gestoßen. Bei der Wahl 1957 hatte die CDU zwar mit der Aufforderung »Keine Experimente«

noch die absolute Mehrheit gewonnen, aber gerade augenscheinlich feste Strukturen tragen den Keim ihrer Auflösung in sich, so auch in diesem Fall. Die Dinge gerieten in Bewegung.

Im Windschatten der amtlich verordneten Eintracht, in der man sich behaglich eingerichtet hatte, häuften sich Probleme an, deren Bedeutung erst wahrgenommen wurde, als es für einträchtig erfolgreiches Vorgehen fast zu spät geworden war. Dieser Verzögerungseffekt gehört indes zum demokratischen Gang der Dinge. Wo viele mitreden dürfen, herrscht, so lange es geht, das Prinzip der Verdrängung unbequemer Entwicklungen. In der Republik entstanden unerwartete Fehden, die das Risiko leidenschaftlicher Auseinandersetzungen nicht mehr scheuten. Im Gegenteil, eine gepflegte Radikalität, wurde als »Radical Chic« zur Mode. Die Sache kam, woher sonst, aus New York, wo Lenny Bernstein Vertreter der Black Panthers zu Champagner und Roquefortröllchen als Hors d'œuvre in seine Wohnung lud. Das blieb vorläufig noch Geste, drängte aber unaufhaltsam zur Tat und auf die Straße.

In der Republik ging es bald handgreiflicher zu. Über Nacht standen Vergangenheit, Notstandsgesetze, Vietnamkrieg, Hochschulreform, Entspannungspolitik und eine radikale Unduldsamkeit auf der Tagesordnung einer unvorbereiteten, folglich ratlosen Politik. Während sich auf den Straßen westdeutscher Universitätsstädte lautstark ein unerhörter Sound vernehmbar machte. »Wir wollen alles und davon viel!«, hieß es, begleitet von rhythmischem Klatschen. Und weiter: »Ob Sonne oder Regen – wir sind dagegen!« Ein vorerst vages Gefühl der Gegnerschaft zu allem verschaffte sich unversehens Ausdruck. Das kam vorerst nicht aus den Untiefen linker Traditionen, sondern hatte seinen Ursprung in der unwiderstehlichen amerikanischen Jugend-

und Ghettokultur. Plötzlich war Wandel allerorten und jeder entschlossen, sich und den Rest der Gesellschaft vom Kopf auf die Beine zu stellen. Die »verzagte« neue deutsche Republik hatte vorläufig nur vorsichtigen Gebrauch von den unverzichtbaren Zutaten jeder Demokratie, Konflikt und Reform, Rebellion und Kompromiss, gemacht. Jetzt erinnerte sie die Realität unsanft an diese Leitmotive und forderte deren Umsetzung ein.

Der umtriebige Tübinger Gelehrte indes zog sich aus dem folgenden Getümmel, an dessen Zustandekommen er seinen guten Anteil gehabt hatte, nach einem kurzen Zwischenspiel als Staatsminister im Auswärtigen Amt als Lord geadelt in das britische Oberhaus zurück und hinterließ der aufgebrachten Republik eines der ikonischen Bilder jener Zeit.

Anlässlich der Eröffnung ihres Parteitages am 29. Januar 1968 in Freiburg hatte die FDP-Jugend Rudi Dutschke zu einer Diskussion in den Breisgau eingeladen. Da die Veranstaltung über die Köpfe der Parteiführung hinweg organisiert worden war, verweigerten die Delegierten, denen der New Yorker Radical Chic noch unbekannt war, dem Gast aus Berlin Gespräch und Zutritt in die Stadthalle. Vor deren Toren hatten sich nach und nach etwa 2000 Neugierige und Studenten der Albert-Ludwigs-Universität eingefunden, während drinnen heftig über die Frage gestritten wurde, ob man mit »so einem« überhaupt diskutieren dürfe. Schließlich zog sich Dahrendorf gegen das Votum seiner Parteifreunde einen Trenchcoat über und ging vor die Tür.

Gemeinsam mit Rudi kletterte er auf einen Lautsprecherwagen, den der Ring Christlich-Demokratischer Studenten gestellt hatte, und die beiden begannen, sich in der kühlen Brise eines badischen Winternachmittags über die Zukunft ihrer Republik zu unterhalten. Rudi in dem eigentümlichen, metallischen Singsang, den er ganz für sich hatte und an den sich selbst geübte Kabarettisten nicht heranwagten. Dahrendorf hingegen in einer lässigen Oberklassenstimme, die es gewohnt war, auch mit leisen Tönen Gehör zu finden. Auf dem Bild schaut Rudi skeptisch drein, so als ob die Sache nicht ganz nach seinen Vorstellungen verlaufe. Es gibt leider keine Tonaufnahmen von dem Auftritt der beiden, aber es wird, bei klar verteilten Rollen, um Freiheit und Revolution gegangen sein. Rudi wird eingangs darauf hingewiesen haben, dass man auf heiligem Boden debattiere, denn 1848 hatten von Konstanz kommend einige Hundert republikanische Freischärler, angeführt von Friedrich Hecker, versucht, im Badischen eine Revolution anzuzetteln, wurden aber von Truppen des deutschen Bundes im Gefecht auf der Scheideck besiegt und in alle Richtungen versprengt. Danach, dürfen wir vermuten, wird Rudi von ungeheuren Entwicklungen im Bewusstsein der Lohnabhängigen, Studenten, Jungarbeiter und Randgruppen als Vertreter des revolutionären Subjekts berichtet und die »weltgeschichtlichen Aktualität der Revolution« behauptet haben.

Dahrendorf ist gut beraten, still zuzuhören, denn vom Bewusstseinsstand in der Berliner Randgruppenszene hat er keine Ahnung. Aus seinen Veröffentlichungen wissen wir aber, dass er von Revolutionen nicht viel hält, von einer in der Bundesrepublik unter der Führung von Rudi Dutschke und seinen Berliner SDS-Genossen schon gar nichts. Stattdessen begrüßt er die Konfliktbereitschaft der Studenten, denn der Konflikt sei der Vater allen Wandels und ohne Wandel keine Gesellschaft. Rudi wird das zu abstrakt und formalistisch finden – kurz: bürgerliche Kacke –, wird das aber so nicht laut sagen, denn er ist schon beeindruckt vom Auftreten und der kultivierten Eloquenz seines Kontrahenten. Zudem zieht Dahrendorf ein argumentatives Ass zu seinen Gunsten aus der Manteltasche. »Unser Gedankenaustausch vor tausend friedlichen Zuhörern«, sei doch beredtes Beispiel dafür, dass es mit der Freiheit in der Republik nicht nur zum Schlechtesten bestellt sei, macht er geschickt das Treffen und dessen Augenschein zum Thema. Rudi würde jetzt gerne von Berliner Polizeiterror berichten wollen, spürt aber, dass seine Zuhörer kein Interesse am Schicksal unbekannter Genossen in Berlin Kreuzberg haben. Dahrendorf erkennt, Rudi schwächelt, denn die Zuhörer reagieren auf seine Ausführungen mit zustimmendem Gemurmel und vereinzeltem Beifall.

Nach einer Stunde beginnen sich die Argumente, die bei keinem der beiden auf fruchtbaren Boden fallen wollen, zu wiederholen. Was auch an Rudi liegt, der auf Fragen nach Freiheit, Besitzverhältnissen und Machtverteilung keine rechten Antworten weiß und stattdessen auf die Spontaneität zukünftiger revolutionärer Praxis hinweist. Er will den Aufruhr gegen das System, Dahrendorf die »Maximierung individueller Lebenschancen in der »bunten Vielfalt des Daseins«. Als Rudi auf die »Fachidioten in der Politik« schimpft, fängt er sich einen Konter von Dahrendorf ein, der kühl bemerkt, es gäbe auch »Fachidioten des Protestes«, die zudem irrationale Töne bevorzugten, die man sonst nur bei Rechtsradikalen höre.

Gelächter und Applaus.

Schließlich kommen sie auf die »Freiheit« zu sprechen. »Es gibt nur eine unteilbare, und die braucht keine Beiwörter«, wird Dahrendorf einen sehr weiten Begriff von Freiheit vertreten. Auch Rudi ist für Freiheit, aber überzeugt, dass im Kapitalismus Freiheit notwendig das Privileg einiger weniger bleiben wird. »Freiheit ist das Produkt der Revolution oder sie ist nicht.«

Als Dahrendorf ironisch auf die Vielfalt der Berliner Szene hinweist und bemerkt, das sei »doch bereits ein schönes Stück Freiheit«, verstummt Rudi entgegen seinen sonstigen Gewohnheiten.

Ironie wird seine Sache nie sein. Es trifft sich nicht. Die verfügbaren Argumente sind ausgetauscht.

Rudi muss, wichtiger Termine wegen, den Zug nach Berlin erreichen und sein Kontrahent zurück in die Halle zum Parteitag. Rudi verabschiedet sich hastig. Er weiß, dass Dahrendorf »als Punktsieger vom Platz geht«, wie Wolfgang Schollwer, Chefredakteur der *freien demokratischen korrespondenz* hernach berichtet, während sein Kollege Heinz Schweden in der *Rheinischen* trocken feststellt: »Da zerstob der Nimbus des roten Rudi wie ein Spuk.«

So endet das Gespräch als ikonisches Schwarz-Weiß-Foto von zwei engagierten Bundesrepublikanern, die im Südschwarzwald auf dem Dach eines Ford Transit hockend unter freundlicher Anteilnahme von zweitausend Zuhörern gelassen miteinander streiten, ob eine Revolution gleich, bald oder besser nie kommen sollte. Die Republik war offensichtlich in einem Zustand weit über dem demokratischen Normalmaß angekommen.

Die 68er – Eine Ausschweifung

»Plum-plum-tralala – l'anarchie vaincra!«

Paris, Mai 1968

Zu den gewichtigen, zumindest lautstarken Protagonisten in der Geschichte der Bundesrepublik gehören zweifellos die »68er«, eine Studentengeneration, die Ende der 1960er-Jahre zur allgemeinen Überraschung – und vermutlich auch der eigenen – als »antiautoritäre Bewegung« auf die Straßen ging und laut und kühn »Durchblick für alle«, direkte Demokratie, Emanzipation und Mitbestimmung bis hinein ins Katasteramt forderte. Nur einige Jahre zuvor hatte Helmut Schelsky vom konservativen Rand der bundesrepublikanischen Soziologen bei seinen empirischen Untersuchungen eine Jugendgeneration »gewickelt in Watte und Wohlstand einer modernen Welt«[8] entdeckt. Da Wohlstand ebenso wie Modernität zu den landesüblichen Vorstellungen vom gelungenen Leben gehörten, konnte sich niemand vorstellen, dass – gleichsam über Nacht – eine Studentengeneration mit Zukunftsaussichten wie keine vor ihr diese grundsätzlich infrage stellen würde.

Die erste Welle der Verdrossenheit kam vom linken Ufer der Seine her in die Republik. Dort hatten französische Existentialisten im Deux Magots, einem Café in Saint-Germain-des-Prés, den

»Lebensekel« entdeckt, der unter philosophisch Interessierten gleich eine prächtige Karriere hinlegte, ohne vorläufig tiefe Spuren zu hinterlassen oder gar eine Revolte nach sich zu ziehen. Die beschränkte sich vorerst auf einen Buchtitel des örtlichen Hausphilosophen Albert Camus.

Ich war damals häufig in der französischen Hauptstadt bei Verwandten zu Besuch. Beschäftigt mit ersten Schreibbemühungen, habe ich viele Stunden an einem der winzigen Tische im Les Deux Magots verbracht. Umgeben von Landsleuten, die dort in unmittelbarer Nachbarschaft zu Philosophen der Tat zum ersten Mal ein Dutzend Fines de Claire geschlürft und für immer Sauerkraut und Eisbein abgeschworen haben. Hin und wieder waren auch die Helden meiner Lebenssinnsuche zugegen, die ich dann sorgfältig, aber unauffällig, verborgen hinter Sonnenbrillengläsern, beobachtete: kleine emsige Gestalten, denen der Gesprächsstoff, begleitet von eigentümlich vorläufigen Gesten, nie auszugehen schien. Rückblickend, wenn man es besser weiß, glaubt man zu erkennen, dass damals etwas in der Luft lag, das bedeutsamer gewesen sein musste als die angestrengten Minen der Existentialisten auf der Flucht vor der Absurdität.

Auch jenseits des Atlantiks begann es zu rumoren. Die Vorbilder für die plötzliche Aufsässigkeit, die noch jeder Generation von Heranwachsenden gut angestanden hat, waren zwei junge amerikanische Filmschauspieler: Marlon Brando aus Omaha, Nebraska, und James Dean aus Marion, Indiana. Die beiden kamen aus den Tiefen der amerikanischen Provinz, wo die Verhältnisse noch so ordentlich und verlässlich waren wie sonst nirgendwo in der Nachkriegswelt. Sie verkörperten eine träge, aufsässige Lässigkeit, ohne ihre Herkunft oder das »System« infrage zu stellen, das taten dann wenig später ihre Nachahmer in Europa.

»Gegen was rebellierst du?«, fragt Kathie in *The Wild One* Marlon Brando, der als Anführer einer Rockerbande eine Kleinstadt in Kalifornien terrorisiert. – »Was schlägst du vor?«, antwortet der maulfaul. Ein Jahr später kommt *Rebel Without a Cause* mit James Dean in die Kinos und beweist der Jugend weltweit, dass es allen Anlass zur Rebellion gegen eine kalte, konsumbesessene Gesellschaft gibt.

Das eigentliche Kapital der beiden war jedoch eine mitreißend verwirrende sexuelle Ausstrahlung, die mittels weniger Gesten bezeugte, dass es neben Klassenarbeiten und Tischmanieren noch andere, dunkel verlockende Seiten im Leben gab. Die Rebellion wurde handgreiflicher und nahm sich der »spießigen« Sexualmoral und deren Verbotsregime an. Widersacher, gegen die sich alle Schichten der Bevölkerung mobilisieren ließen.

Die »sexuelle Revolution«, die in Zukunft ungezählte Grenzen in Kultur, Moral und Zusammenleben sprengen und beiseiteschaffen würde, war in Gang gekommen. Als Dean am Steuer eines Porsche 550 Spyder mit 24 Jahren an der Kreuzung der State Routes 41 und 46 ums Leben kam, hatte die Jugendrevolte zudem einen Mythos, der ihrer Aufsässigkeit vorläufig Halt und Dauer verlieh.

Zeitgleich kam die Bewegung als »Halbstarke« in der Bundesrepublik an. Das war im Vergleich zu dem amerikanischen »Rebell« oder »Wild One« eine herablassende Bezeichnung und war auch so gemeint. Deutsche Jugendrevolten waren bislang in Lederhosen, mit Hirschhorngemme und Seitenscheitel angetreten Mit der neuen, unerhörten Form von Widerborstigkeit wusste man einstweilen wenig anzufangen. Aber sie war im Lande angekommen und äußerste sich vorerst in rätselhaften Krawallen.

Im August 1955 rotteten sich in Braunschweig etwa eintausend
»Halbwüchsige« zusammen, blockierten die Straßen mit ihren
Mopeds, warfen Fahrradständer um, traten nach vorbeifahren-
den Autos und beschimpften Ordnungskräfte. Anderswo in der
Republik gingen Kinos, Konzerthallen und Großstadtmobiliar zu
Bruch. Das war schon gewöhnungsbedürftig, aber nur eine
matte Vorschau, auf das, was kommen würde.

Umgehend, als ob er seit Längerem in der Kulisse auf seinen
Auftritt gewartet hätte, trat ein Produkt der modernen Sozialwissenschaften, der »Sozialversteher«, an die Rampe. Die studier-
ten Psychologen, Pädagogen und Soziologen machten sich unverzüglich an die Arbeit und erklärten, was es mit der Jugend
und ihrem unbotmäßigen Verhalten auf sich hatte. Eine Flut von
besorgten Artikeln und guten Ratschlägen kam über die Republik. In ihrem Bemühen, Faktoren für die Krawalle dingfest zu
machen und, damit verbunden, Abwehrmaßnahmen vorzuschla-
gen, übersahen sie, dass die Sehnsucht nach regelwidrigen Formen des Verhaltens ebenso Teil der menschlichen Befindlichkeit
ist wie die nach Ruhe und Geborgenheit. Beide werden meist
ohne erkennbare Ursachen abgerufen. Sie sind einfach »da« und
sozialwissenschaftlichen Ermittlungen in der Regel schwer zu-
gänglich.

Nach zwei heißen Sommern der Widerborstigkeit, zerstörten
Telefonzellen und anderem Flurschaden an öffentlichem Eigen-
tum, machten sich die »Halbstarken«, so wie sie gekommen waren, wieder aus dem Staub, und verschwanden über Nacht mitsamt allen Probleme und Befürchtungen. Tatsächlich aber sollten
sie Vorboten von Verwerfungen gewesen sein, die nicht mehr
lange auf sich warten ließen. Ohne erkennbaren Anlass beende-
ten die Wirtschaftswunderkinder der Republik über Nacht »die
längste Kindheit der Geschichte« und verließen die unerträglichen

»Leichtigkeit(en) des Seins«, in denen sie bislang daheim gewesen waren. Die »Antiautoritäre Revolte« hatte als ebenso bedrohliches wie leidenschaftliches Gebräu aus den zurückliegenden
Tumulten von Schülern und Studenten Besitz ergriffen. Aus Rebellen wurden, zumindest im eigenen Dafürhalten, Revolutionäre.
Der Autor dieser Zeilen packte damals ebenfalls sein Sach und
zog vorbei an seiner fassungslosen Mutter in eine Gegenwart,
die zwar wenig Entsprechung in der Realität hatte, aber im kollektiven Bewusstsein der Beteiligten eine unangreifbare Wirklichkeit mit eigenen Gesetzen und Kausalitäten geworden war.
Inmitten von Zuversicht und Lebenslust des Wirtschaftswunders
ließen wir uns in einer aussichtslos leidenden Welt nieder.

Das kam vorläufig heiter und verspielt daher, bediente sich des
subversiven Humors von Dada, übernahm Formen der Happe-
nings, die Ende der 1950er-Jahre in New York entstanden waren,
und besann sich auf die Traditionen des Anarchismus. Vor dem
Café Kranzler in Berlin wurden die Gäste von vorbeiziehenden
Demonstranten freundlich aufgefordert: »Lasst den Kuchen, lasst
die Sahne, schnappt euch eine rote Fahne.« Den Ordinarien der
Hamburger Universität gegenüber wurde anzüglich vermutet:
»Unter den Talaren der Muff von 1000 Jahren«, was natürlich
politisch gemeint war.
Töchter und Söhne aus bürgerlichen Haushalten wurden Hals
über Kopf, selbst wenn ihren Karrieren Schaden drohte, aben-
teuerlustig und bereit, ein Leben weit jenseits der Konventionen
ihrer Herkunft zu wagen.

»Wenn eine Gesellschaft alle Abenteuer zerstört, dann ist das einzige Abenteuer, das noch bleibt, sie selbst zu zerstören«, verkün-
deten 68 die französischen Studenten auf den Straßen von Paris
und versuchten, sich der Freiheit als einem Akt der autonomen

Besitznahme zu versichern. Zum gleichen Ergebnis kamen Pascal Bruckner und Alain Finkielkraut in ihrem *Kleinen Handbuch für die Alltagsüberlebenskunst*[9]. Gegen den Verlust an romantischer Energie sei doch ein Kraut gewachsen, heißt es dort, die Guerilla ... der Kampf der Amateure gegen die Profis, um Unabhängigkeit und Freiheit. Das Pathos der Menschwerdung im Kampf für Unmittelbarkeit und Autonomie in den dichten, zufriedengestellten Gesellschaften des Westens, verkörperte ein zierlicher Argentinier, der am 9. Oktober 1967 von einem Feldwebel der bolivianischen Armee vor einem dörflichen Schulhaus in La Higuera erschossen wurde. »Wir werden den Menschen des 21. Jahrhunderts schaffen – wir uns selbst«, hinterließ Che Guevara seinen atemlosen Anhängern weltweit.

Das war ein ernsthaftes Vorhaben für eine Generation, die sich mitten in der Ausbildung befand und auf der realen Lebensebene noch tastend Halt suchte. Vorerst aber beschränkte sich die Rebellion der »Genossen« auf die Seminare und Auditorien ihrer Universitäten, die es von reaktionärem Lehrstoff und autoritären Strukturen zu befreien galt.

Mittel der Wahl dieser Form revolutionärer Partisanenaktion war die Vorlesungssprengung, eine radikale Absage an die Kompromisskultur, die bislang an den Universitäten heimisch gewesen war. Dazu bedurfte es allerdings besonderer Begabungen, wie etwa der von Christoph Häberle, einem führenden Kopf der »Roten Zelle VoKu«, die am Seminar für Volkskunde der Universität Tübingen auf ihre Weise die Interessen der Studenten vertrat. Christoph, der »Westentaschen-Lenin«, wie er wegen seiner zierlichen Figur und großen Klappe unter Freunden und Gleichgesinnten hieß, war unlängst von Sulzbach am Kocher, einer 2000-Seelen-Gemeinde bei Schwäbisch Hall, in die Studentenmetropole am Neckar gezogen. Dort herrschte damals wie in vielen Universitätsstädten das kostbare Gefühl der Hoffnung auf ungeheure Ereignisse. Die mittelalterlichen Gassen der Stadt und Universitätsgebäude waren bis in die letzten Winkel erfüllt von emsiger Betriebsamkeit. Jede und jeder war überzeugt an bedeutenden Entwicklungen teilzuhaben, wobei niemand recht zu sagen wusste, um was es sich im Einzelnen handeln würde. Irgendwo nach vorne, in eine bessere Zukunft, sollte es vermutlich gehen.

Die Zentrale der ungezählten Aktivitäten, das ASTA-Gebäude in der Wilhelmstraße, ein Geschenk der amerikanischen Ford Foundation, wirkte mit ungezählten Wandzeitungen – »Nieder mit ...«, »Gegen die ...«, »Kommt massenhaft ...«, nebst den roten Fahnen der Weltrevolution und den rot-weiß-blauen Kubas wie die Kommandozentrale einer mittelamerikanischen Guerillatruppe. Man konnte als braver Bürger schon einen Schrecken kriegen ob der rätselhaften, bedrohlichen Aktivitäten.

Christoph war von Natur antiautoritär, unerschrocken und hatte einen schnellen, witzigen Kopf. Kurz: Er hatte alle Voraussetzungen, die für einen Vorlesungspiraten unverzichtbar sind. Es dauerte nicht lange, und er genoss, trotz seiner manchmal ungelenken Zunge, die der schwäbische Dialekt mit sich bringen kann, einen fabelhaften Ruf als erfolgreicher Agitator. Verschiedene Rote Zellen, »Rotzsoz« etwa, die Rote Zelle Soziologie, oder »Rotzspo«, die rote Zelle Sport, baten ihn regelmäßig um Unterstützung bei ihren Vorhaben, unerwünschte Ordinarien von ihren Kathedern zu räumen.

Heute sollte ein Linguist entsorgt werden. Zu Beginn der Vorlesung hatten Vertreter der roten Zellen Flugblätter mit den Parolen »Erkämpft den Schein mit dem Stein« und »Schlag die Germanistik tot – mach die blaue Blume rot« verteilt. Entgegen den poetischen Anklängen und bruchstückhaften Kenntnissen der deutschen Romantik verhießen sie nichts Gutes. Christoph ging ruhig wie ein Mann, der weiß, was auf ihn zukommt, zwischen den Bankreihen entlang, erreichte das Pult und erklärten dem Lehrstuhlinhaber unmissverständlich, für heute sei Schluss mit seinem reaktionären, positivistischen Kram. Damals – heute schwer nachvollziehbar – ein gewichtiger Vorwurf, und der Dozent sei gut beraten, sich zu schleichen. »Das Beamtenrecht verbietet jede Einflussnahme auf den Inhalt einer Vorlesung«, wehrte der sich dennoch kurz. Der Rest ging in Applaus, Gelächter, rhythmischem Klatschen und vereinzelten Ho-Chi-Minh-Rufen unter.

»Hast du das Vorlesungsverzeichnis nicht im Kopf?« Der Angesprochene zuckte ob der ungewohnten Vertraulichkeit kurz zusammen, fing sich aber schnell wieder, eingedenk der Schwierigkeiten, in die ein Kollege der Wirtschaftswissenschaften wenige Tage zuvor geraten war. Der hatte sich die unübliche Anrede verbeten, auf der »dritten Person Plural« bestanden und sich einen Zwischenruf »Drittes Reich« eingefangen. Der Rest der Stunde ging anschließend in andauerndem Gejohle unter, vor dem der Verhöhnte schließlich Reißaus nahm.

Später war der Zwischenfall im Kollegium mit der Abmachung besprochen worden, »locker, aber erhobenen Hauptes« das Feld zu räumen. »Sie haben vorläufig keine Chance«, aber das »geht vorbei«, rieten jüngere den älteren Kollegen, die entschlossen waren, ihr Pult nicht kampflos den Studenten zu überlassen. Vor allem aber, da war man sich einig, sollte man Hinweise auf das Dritte Reich vermeiden. »Dann ist die Hölle los, das kann ins Körperliche gehen«, wusste einer zu berichten, der sich an die »SS« erinnert gefühlt hatte.

»Die Krawalle haben, wie alles im Leben, auch ihre positiven Seiten«, soll ein linksliberaler Professor der Politologie seine aufgebrachten Kollegen getröstet haben. »Spätestens nach der dritten Störung können Sie die Bude in diesem Semester dichtmachen und daheim den schönen Dingen des Lebens nachgehen.« Ein Hinweis, der überaus beruhigend auf die erbitterten Gemüter gewirkt haben soll.

Längst herrscht an den Universitäten wieder akademischer Anstand, und die dritte Person Plural ist weiterhin das semantische Bindeglied zwischen Lehrpersonal und Studenten. Noch aber baut sich unser Westentaschen-Lenin vor einem leibhaftigen Ordinarius und erklärt diesem:»Im Ernst, heute steht im Vorlesungsverzeichnis wie in Zukunft jeden Tag der Vietnamkrieg auf der Tagesordnung. Wenn du nix davon verstehst, lass uns nur machen.« Weitere Ho-Chi-Minh-Rufe.

Ob man sich nicht auf einen Kompromiss einigen könne, schlägt der Dozent vor. Er referiere die Hälfte seiner Vorlesung, und danach unterhalte man sich gemeinsam über den Krieg in Asien. Nett gemeint, aber es war keine Zeit für Kompromisse.»Hör genau zu, du packst jetzt deinen Kram und verschwindest, am besten für immer.« – »Und wenn ich bleibe?« – »Du wirst unter keinen Umständen bleiben, versprochen!« Sorgfältig packte der Sprachwissenschaftler sein Manuskript zusammen und verstaute es in einer braunen Ledertasche.»Sieg im Volkskrieg«, rief es aus dem Auditorium und gleich mehrfach:»Ho-Chi-Minh.«

Der Professor stieg umständlich vom Pult und ging langsam mit hochgezogenen Schultern an der ersten, dicht besetzen Reihe vorbei. Bevor er durch die Tür auf den Flur trat, drehte er sich um und schaute scheu und ziellos ins Auditorium.»Dem ist eine Welt abhandengekommen. So was kann schnell gehen«, bemerkte Christoph und hob die Faust.»Venceremos!«

Unter Jugendlichen und Heranwachsenden leisteten die Studenten während ihrer antiautoritären Revolte ganze Arbeit. Bei einer Umfrage unter Schülern und Lehrlingen 1969 erklärten zwei Drittel, sie fühlten sich vom bestehenden Parteiensystem in der Bundesrepublik »nicht mehr repräsentiert«, und ein Drittel war bereit, eine links von der SPD stehende Partei zu wählen, was in der Tat ein verblüffend reicher Bewusstseinszugewinn war.

Der Adressat der Proteste und Parolen, die Politik, reagierte entgegen ihrer sonstigen Gewohnheit erstaunlich schnell. Bereits im Oktober 1969 erklärte Willy Brandt in seiner Regierungserklärung: »Wir wollen mehr Demokratie wagen«, was im Kern eine zutreffende Zusammenfassung all der unzähligen Forderungen der Studenten gewesen war. Bald darauf kehrten die meisten von ihnen wie die Grundschüler nach der großen Pause wieder in die Hörsäle zurück, setzten dort ihr Studium fort, um im Zeitrahmen ihrer Stipendien die vorgeschriebenen Examen abzulegen. Bis auf wenige Ausnahmen machten sie ihren Frieden mit dem bundesrepublikanischen Biedermeier. Der »kurze Sommer der Anarchie« ging zu Ende.

Was die Helden jener Zeit und durchnässten Widersacher der Wasserwerfer nicht ahnen konnten: Das Aufbegehren gegen das »System« und dessen Konventionen ist Teil des demokratischen Geflechts, aus dem in der Regel ein »eigenes Potenzial zur Radikalität« entsteht, ähnlich den Halbstarken, die vor den 68ern an der Reihe gewesen waren. Durchgängiges Schweigen und Anpassung hingegen sind die Ausnahmen. Die 68er bewegten sich demnach – trotz ihrer Kriegsbemalung, erhobenen Fäuste und weltweiter Solidarität mit revolutionären Bewegungen – durchaus konform im Sozialgefüge ihrer Gesellschaften. Der Schaden, den sie anrichteten, hielt sich folglich in Grenzen. Einen Sommer lang haben sie getanzt, tüchtig auf den Putz gehauen und die Altvorderen erschreckt.

Ob als romantische Schwärmer, Wandervögel in der Jugendbewegung oder Rock 'n' Roller an der Seite von Joschka Fischer im Frankfurter Westend, ihre Funktion ist dieselbe geblieben: eine auf Zeit gewährte Flucht oder Atempause von den Zumutungen einer schicksalhaften Kompromisskultur. Die Utensilien sind schnell durchlebt und abgearbeitet, denn die Zahl der Protestsymbole für Revolten gegen die Gegenwart ist beschränkt: Jeans statt Gabardine, lange Haare statt Seitenscheitel, Vorwitz statt Manieren, Heavy Metal statt Cindy & Bert und Demo statt Lesesäle. Nach konsequentem Durchlauf müsste der kompromisslose Widerstand gegen die »herrschenden Verhältnisse« folgen. Aber das ist eine andere Geschichte. Sie hat echte Radikalität zur Voraussetzung, erfordert Opfer und verlangt Mut. »Unsere Helden« bewegte vor allem ein diffuses Unbehagen an Verbindlichkeit und das Gefühl bedrohlicher Zwangläufigkeiten. Das reicht für Missmut oder – in der Sprache der französischen Existentialisten – »Ekel«, nicht jedoch zur ernsthaften Revolte.

Nachdem das ideelle Gesamtgewissen der Nation, vertreten neben anderen durch Heinrich Böll und Kurt Scharf, in einem Brief an den Bundeskanzler den Studenten eine »achtenswerte Gesinnung« attestiert hatte, bat das Land den rebellischen Nachwuchs freundlich zurück in die gesellschaftliche Mitte und erließ eine Amnestie für die angeklagten Schüler und Studenten. Mehrere Tausend werden es gewesen sein. Den verantwortlichen Politikern und Pädagogen war bewusst, dass hinter den radikalen Parolen und roten Fahnen, wenn nicht immer die Klügsten, so doch die Tatkräftigsten liefen. Auf die wollte man in Zukunft ungern verzichten. Zudem befand man sich auf dem Höhepunkt des Kalten Krieges, und da konnten Studium und Kenntnisse der Klassiker des Marxismus-Leninismus nicht schaden.

»Als ob nichts gewesen wär«, verabschiedete der Sänger Klaus Renft die Bewegung in ihre bürgerliche Zukunft, und Friedrich Christian Delius, einer, der über viele Jahre mitten im kulturrevolutionären Gedränge ausgehalten hatte, gestand später ein: »War doch alles nur ›ein Spiel und Spaß‹.«

Man darf also mit einiger Berechtigung vermuten, dass die 68er, die sich so selbstlos ins Gefecht um die Ikonen des demokratischen Fortschritts warfen, auch dem Kompromiss guten Dienst erweisen würden. Aber die Sache ist vertrackter, als es unmittelbar den Anschein hat. Im distanzierten Rückblick, nachdem die roten Fahnen und kompromisslosen Flugblätter längst wieder entsorgt sind, wirkt diese Studentengeneration wie ein Wiedergänger des Mephisto aus Goethes *Faust*, der auf die Frage »… ist auf der Erde ewig dir nichts recht?« antwortet: »Nein Herr! Ich find es dort, wie immer, herzlich schlecht.«[10]

Eine seltsame »Entbundenheit« von ihrer Zeit bemächtigte sich der 68er. Sie bedienten sich zwar lässig aller Zutaten der technischen Zivilisation und der Vorteile demokratischer Freiheiten, stets aber mit dem Vorbehalt, dies sei nicht der »wahre« Zustand, sondern dessen Gegenteil, der durch die radikale Negation der Gegenwart noch in die Tat umzusetzen sei. Selbst diejenigen, denen es augenscheinlich gut ging, waren Opfer ihrer eigenen, freilich »falschen« Bedürfnisse, die sie ahnungslos in die Tat umsetzten.

Das Bekenntnis zur Toleranz, der Grundlage jeder Demokratie und damit aller Kompromisse, die sich unsere Eltern nach Kriegsende unter Anleitung der Besatzungsmächte angeeignet hatten, wurde in einem gelben Suhrkamp-Bändchen aus dem Jahr 1965 zur »repressiven« Toleranz. Das »Ganze«, von der Regierung über die Kulturindustrie bis hin zu den privaten Beziehungen, wurde dort für »falsch« erklärt. Damit erfüllte jede Toleranz den »Verhältnissen« gegenüber den Tatbestand der Kollaboration mit einer Zukunft, an deren Ende die Katastrophe drohte.

Das Rüstzeug für diese Geschichtsphilosophie des unentrinnbaren Grauens lieferte die Frankfurter Schule um Theodor W. Adorno und Max Horkheimer, von denen Jürgen Habermas sagt: Die »alten Frankfurter haben die bürgerliche Demokratie nie so recht ernst genommen«.[11] Sie waren im Gegenteil davon überzeugt, dass die »objektiven gesellschaftlichen Voraussetzungen, die den Faschismus zeitigten, unverändert und womöglich sogar gesteigert fortbestehen«. Das »vollends Bestürzende dieser barbarischen Weltzustände« lag für die Frankfurter Schule in der Einsicht, dass dieser Trend mit der »gesamten Zivilisation«, aus der es kein Entrinnen gibt, verbunden ist. Der Kern des westlichen Demokratieverständnisses, die Freiheit, hatte Adorno in der *Dialektik der Aufklärung* als die »Freiheit zum immer Gleichen« erklärt, die als wertloses, zudem manipulatives Beiwerk abgeschafft gehörte.[12]

Es gab damals, wenn ich es recht erinnere, ständig etwas zu »entlarven«, was hieß: dessen »eigentliche«, notwendig repressive Substanz bloßlegen. Von der Nahostpolitik der Bundesregierung über eine Ausstellung in der Tübinger Kunsthalle bis zum Mensaessen gehorchte demzufolge alles einer strukturell vermittelten Tendenz zum Untergang. Damit war es um die Kompromissbereitschaft der 68er vorläufig geschehen. Wer im »falschen Ganzen« keine Perspektiven und nichts als Habseligkeiten zu entdecken vermag, lehnt in der Logik des Arguments zu Recht jeden Kompromiss ab. Wer die »Gegenwart« ähnlich einem dahinrasenden, führerlosen Zug unaufhaltsam auf dem Weg in den Abgrund sieht, tut gut daran, sie abzuschaffen. Mit wem und zu welchem Zweck will man sich einig werden, wenn ein jeder Teil des »Systems« ist?

Hans Jürgen Krahl, der führende Kopf der Frankfurter Antiautoritären, erklärte vor Gericht, das Projekt der Linken sei die Entwicklung einer »politischen Moral der Kompromisslosigkeit«,[13] und ein Berliner Redaktionskollektiv um Rudi Dutschke drohte: »Den Sozialismus werden wir nur bekommen, wenn wir unsere Feinde wissen lassen, dass wir alle Mittel anwenden werden, die nötig sind.« Das schloss ausdrücklich Gewalt und Kompromisslosigkeit mit ein. Mit denen war vorläufig keine Einigung mehr zu erzielen.

Die unmittelbaren Erben der antiautoritären Bewegung, die ML, »Marxisten-Leninisten« aus Heidelberg etwa, oder die PUTZ-Truppe, »Proletarische Union für Terror und Zerstörung« aus Frankfurt, konnten ebenfalls aufgrund ihrer Theorie von der Unabänderlichkeit der Weltrevolution keine Kompromisse eingehen. Die ehernen Gesetze der Geschichte waren kompromissungeeignet und nicht verhandelbar.

Die Republik hat trotz alledem wenig Schaden genommen, sondern im Gegenteil die heftigen Auseinandersetzungen, gelegentlich maßlosen Anwürfe und die Gewalt des RAF-Terrorismus in häufig überraschender Zurückhaltung und der Einsicht, dass letztlich noch aller Tage Abend wird, ertragen. Sie war unauffällig in der »zivilisatorischen Normalität« angekommen und gerüstet für die Herausforderungen jener Zeit. Die Bemühungen der zurückliegenden Jahrzehnte waren nicht umsonst gewesen.

Die Eltern der 68er, die ihre Kinder unter schwierigen Bedingungen durch die Nachkriegszeit gebracht hatten und nun befürchten mussten, diese würden ihre Zukunft zugunsten einer monströsen Weltanschauung verspielen, reagierten in der Mehrzahl ebenfalls gefasst und langmütig. Meine Mutter beließ es bei einem kurzen Seufzer: »Großer Gott, muss das unbedingt sein«, und verlor kein Wort mehr über die seltsamen Ideen ihres Sohnes. Ihr wie allen anderen blieb vorerst nur die Hoffnung auf die Vernunft der Tatsachen, die sich schließlich auch durchzusetzen wussten.

Als alles lange vorbei war, die einstigen Rebellen längst in Pensionskassen einzahlten, die Schäden sich doch in Grenzen gehalten hatten und die Familien wieder versöhnt waren, erteilte Bundespräsident Friedrich von Weizsäcker der Bewegung die demokratische Absolution. Zum ersten Jahrestag der Deutschen Einheit am 3. Oktober 1990 erklärte er, dass die Jugendrevolte, »allen Verwundungen zum Trotz zu einer Vertiefung des demokratischen Engagements in der Gesellschaft beigetragen habe«[14]. Seither haben Soziologen und Historiker genauer nachgeschaut, ob Hegels »List der Vernunft« eingegriffen hatte, um Schlimmeres zu verhindern und entgegen allen Intentionen Gutes zu bewirken. Wie erwartet, sind sie fündig geworden.

Im Rückblick werde deutlich, dass der Feind, den die 68er zu bekämpfen glaubten, sich zur selben Zeit von »Geist und Emotionen unserer kulturrevolutionären Kämpfe ernährt hat«, erkennt Gerd Koenen, der mitten im Tumult dabei war, unsentimental.

Die 68er haben demnach als »unbewusste Avantgarde« jene Elemente der »Unruhe und Unzufriedenheit« ins Spiel gebracht, die Voraussetzung für jede Form des Fortschritts sind, den notwendigen Ausbruch aus überkommenen Mentalitäten vorangetrieben und den »Kreativen und Flexiblen« den Weg geebnet. Sie haben zudem einen Prozess der »Fundamentalliberalisierung« eingeleitet, in dessen Rahmen Themen wie Sexualität und Gleichberechtigung Zugang in die Öffentlichkeit fanden, nicht zu vergessen die Vergangenheit nebst Faschismus und Rassismus. Auf der Habenseite stehen zudem eine neue Sensibilität für alle Formen sozialer Benachteiligung, ein gesundes Misstrauen gegenüber dem Hergebrachten und eine natürliche Neugierde auf das

Unbekannte, die »nächsten Fremden«, was dringend notwendig war, denn die ließen nicht mehr lange auf sich warten. Schließlich haben sie geholfen, die politischen Voraussetzung für die spätere Gründung der »Grünen«, zu schaffen.

Als Kollateralschäden sind hingegen Verluste aus dem traditionellen Tugendkatalog wie Anstand, Höflichkeit, Demut, Zurückhaltung und Respekt zu verbuchen. Sie haben einer distanzlosen Unverbindlichkeit Platz machen müssen. Das ist aufs Ganze gesehen eine eindrucksvolle Übersicht, vor allem wenn man bedenkt, dass das Gegenteil erreicht werden sollte. Stattdessen hat jeder dieser Modernitätsschübe dem »System« beste Dienste geleistet.

Mit der Gelassenheit, die Distanz zu den Ereignissen bewirken kann, wird man heute den 68ern eine passagere Kompromissunfähigkeit attestieren müssen und die Sache damit auf sich beruhen lassen.

Als tragische, folgenschwere Konsequenz der oft aberwitzigen Realitätsverweigerung verloren die 68er allerdings Probleme wie Umwelt, Nachhaltigkeit und Armutsmigration, deren zukünftige Bedeutsamkeit sich bereits abzuzeichnen begann, aus dem Blickfeld! Das waren »Nebenwidersprüche«, die bei Marx – woher auch? – keine Rolle spielten. Damals hätte man mancher Entwicklung rechtzeitiger in die Arme fallen können. So aber wurde wertvolle Zeit vertan, bis die Entwicklung uns unsanft an die Realität erinnerte.

8 Vom Recht auf Diskursverzicht

»Nur Dummköpfe lassen sich auf Diskussionen ein!«

Oscar Wilde

Folgt aus dem Bekenntnis zum Kompromiss die Pflicht, wenn nicht mit allen, so doch mit vielen über alles reden zu müssen? Denn die Bereitschaft, den Standpunkt des anderen zur Kenntnis zu nehmen, ist der rote Faden auf dem Weg zum Kompromiss. Zwingen uns die Bedingungen der »Verträglichkeitskultur« in einen Dauerdialog zu allem mit jedem?

Der erstaunten, leicht empörten Feststellung »Reden wird man doch noch können« ist tatsächlich schwer zu widerstehen. Ebenso der geschickten Volte: »Ein Freund von mir hat behauptet: Wie siehst du das?« Zudem will die Sprachlosigkeit begründet sein, und schon ist man in jenem Hin und Her, das man eben noch vermeiden wollte.

Darf ich mich der Gesprächsbereitschaft als unverzichtbarer Voraussetzung zum Kompromiss unter bestimmten Umständen verweigern? Sind wir zu jedem Thema diskursverpflichtet, um das hohe Gut der friedlichen Einigung mit Leben zu erfüllen?

Nach liberaler Vorstellung sollte »über alles zu reden« sein, denn Sprachlosigkeit führt zu Missverständnissen und Unfrieden. Nur das Gespräch, die kostbarste aller menschlichen Begabungen, schafft die Voraussetzungen für friedliche Übereinkünfte.

Alles richtig – trotzdem!

Jede Gesellschaft ist ständig damit beschäftigt, Regeln und Werte zu hinterfragen, neu zu definieren und zu verändern. Ohne diesen unaufhörlichen Prozess der Veränderung wäre ihr keine Dauer beschieden. Es gibt Epochen, in denen dieser Prozess gemächlich und vorsichtig verlaufen ist, wieder andere zeichnen sich durch raschen, vielfältigen Wandel aus. Gegenwärtig leben wir in einer Phase beschleunigter Entwicklung, verbunden mit der Loslösung von Überzeugungen, die oft lange Zeit vertraute Bestandteile des täglichen Lebens gewesen sind.

Einige Themen ziehen sich still zurück, andere werden erst nach langen und heftigen Auseinandersetzungen zur Seite gelegt. Häufig sind dies Nebensächlichkeiten, die über ganze Epochen hinweg ein unauffälliges, aber solides Eigenleben geführt hatten, während gewichtige Probleme selten endlose Debatten erlauben, sondern innerhalb begrenzter Zeit gelöst werden müssen.

Die Fragen zur deutschen Wiedervereinigung etwa mussten in einem eng begrenzten Zeitrahmen, dem »Window of Opportunity«, jenseits dessen sie nicht mehr in die Tat umzusetzen gewesen wäre, beantwortet werden.

Geschichte lässt sich auch als stetiges Kommen und Gehen von sozialen und kulturellen Überzeugungen beschreiben. Was gestern noch strafbewehrt gewesen ist, kann heute Konsens sein. Das folgt selten einem Plan, sondern entwickelt sich aus der stets verworrenen Gemengelage ungezählter Faktoren und Einflüsse. Themen, die von der Geschichte abgelegt wurden, leben zwar häufig im Verborgenen oder im Schutz sozialer Nischen weiter, im öffentlichen Diskurs spielen sie keine Rolle mehr.

Heute muss über die Vorgaben der Diversität, die Ehe für alle oder sexuelle Ambiguität nicht mehr diskutiert werden. Über sie herrscht Einvernehmen. Wer sich mit ihnen nicht anfreunden will, tut das am besten privat und unter Gleichgesinnten.

Auch der »Rassismus« hat als politische und gesellschaftliche Kategorie ausgedient. Er führt zwar weiterhin als zähe Denkkategorie ein lebhaftes Dasein im Verborgenen, hat jedoch den öffentlichen Diskursanspruch verloren. Seither braucht man sich nicht mehr ernsthaft mit rassistischen Vorurteilen auseinanderzusetzen. Wir dürfen den Disput zu diesem Thema verweigern.

Das »Recht auf Abtreibung« war eines der gewichtigen Themen, die ununterbrochen und oft unversöhnlich das 20. Jahrhundert in Atem gehalten hatten. Erst 1993, mit der Abschaffung des Paragrafen 218 und dessen Reform 2021, ist die Debatte schließlich an ihr Ende gekommen und fast spurlos aus dem öffentlichen Raum verschwunden. Nachhutgefechte lassen sich nicht vermeiden. Sie gehören unvermeidbar zur menschlichen Eigenwilligkeit, der wir in anderen Zusammenhängen gelegentlich dankbar verpflichtet sein müssen.

Bei der Suche nach Kompromissen spielen diese Themen nur noch eine untergeordnete Rolle. Sie haben sich erledigt und machen Platz für Auseinandersetzungen, die zahlreich neu auf der Tagesordnung stehen.

Es gibt in jedem Augenblick zu tun. Jedem ist die Zeit knapp. Und an neuen Herausforderungen herrscht selten Mangel. Man ist deswegen gut beraten, Themen und Probleme, denen Dringlichkeit und Bedeutung abhandengekommen sind, zur Seite zu legen und keine weiteren Energien in sie zu investieren. Das kostbare Gut der Gesprächsbereitschaft darf sich pragmatisch überholten Wortmeldungen gegenüber verweigern.

Natürlich lassen sich Vorbehalte, die uns ein Leben lang begleitet haben und die tief in unseren Gefühlen und unserem

Selbstverständnis verwurzelt sind, weder durch Anweisungen noch über Nacht aus unserem Bewusstsein tilgen oder aus der Welt schaffen. Für deren Recht auf langsames Siechtum gibt es die Couchgarnitur, den Küchentisch und die Kneipe um die Ecke; Rückzugsräume, in denen überholte Vorstellungen gefahrlos und bedächtig abklingen können.

Ich führe eine private »No-talk-Liste« als Mittel zur Problementsorgung von Überzeugungen, mit denen ich mich unter keinen Umständen mehr auseinandersetzen mag und von deren Unangemessenheit ich auch niemanden überzeugen möchte. Ich weiß wohl, das verstößt gegen eine Ikone moderner Liberalität, das Recht auf Vielfalt und deren Berücksichtigung im öffentlichen Diskurs.

Ebenso aber, wie ein Experte der NASA kein Interesse hat, mit einem Anhänger der Erdscheibentheorie zu diskutieren, oder ein Genetiker die Vorstellungen eines Kreationisten freundlich übergeht, werde ich keine Auseinandersetzung mehr um die Gleichheit der Geschlechter, das Recht auf Abtreibung oder die sexuelle Selbstbestimmung führen, sondern höchstens um deren Durchsetzung bemüht sein. Ebenso wenig stehen grundsätzliche Einsichten und Ergebnisse zu Klimawandel, Rassismus oder Artensterben für mich noch zur Debatte.

Sie sind für mich entweder abgeschlossen oder Teil unserer kollektiven Alltagsroutine geworden. Wobei jeder das Recht hat, meine Liste zu kritisieren und seinerseits zu befinden, dass Gespräche mit mir die Zeit, die sie beanspruchen, nicht verlohnen.

Unlängst hat es überraschend ein Gesprächsstoff erneut auf die moralische und politische Tagesordnung geschafft, den ich längst fest in die Liste erledigter Angelegenheiten entsorgt hatte: »Krieg und Frieden«.

Lange Zeit war ich der Überzeugung, nur der Friede hat seine Berechtigung und der Griff zur Waffe ist unter allen Umständen das radikal Böse. Seit Neuestem jedoch meine ich mich gezwungen zu sehen, die Gefechtsbereitschaft zu verteidigen und den Ruf nach Frieden zu hinterfragen. Die überraschende Diskurslage hat bereits zu Zerwürfnissen geführt. »Sicher ist nichts«, klärte mich ein befreundeter Historiker auf: »Alles, was je auf der Tagesordnung gestanden hat, trägt den Keim des Wiedergängers in sich.« Die Sache ist noch nicht entschieden.

Mit den neuen Medien und deren Siegeszug durch unser aller Leben hat sich ein neuer Schlachtenbummler, Klaus-Peter aus Bottrop, dem Hochbetrieb der täglichen Konfliktbewältigung angeschlossen.

Klaus-Peter hat Ausbildung, verdient hinreichend Geld in einer Behörde und verfolgt neugierig die Tagespolitik. Wenn ihm etwas verdächtig vorkommt, Klimawandel, Elektrosmog oder Pandemiemaßnahmen, geht er ins Internet und schaut nach, was es mit seinen Befürchtungen auf sich haben könnte. Meistens dauert es nicht lange, und er weiß Bescheid, zumindest so gut wie die »Fachleute«, die sich, nach einem langen Studium und dem Erwerb akademischer Titel ein Leben lang mit dem Thema beschäftigt haben.

Politische Entscheidungen in der gängigen Form von Kompromissen können sowohl vielschichtig wie rätselhaft sein und ungezählte mürbe Stellen haben, die sie zum leichten Ziel für Besserwisser und Chefankläger machen. Unter ihnen auch Klaus-Peter. Er findet ohne großen Aufwand Missfallen und nimmt aus dem grenzenlosen Angebot an verwirrenden Wortmeldungen im Internet diejenigen zur Kenntnis, die seinem diffusen Unmut entsprechen, und hat im Handumdrehen eine eigene Meinung auf der Basis eigener Fakten.

Während der Corona-Pandemie fällt ihm auf, dass die Politik, obwohl sie sich auf wissenschaftliche Vorgaben beruft, unentwegt neue, teils widersprüchliche Vorschläge macht. Nach vertraulichen Hintergrundgesprächen mit Gleichgesinnten kommt Klaus-Peter zu dem einleuchtenden Ergebnis, dass weder Wissenschaft noch Politik recht wissen, was sie tun. Bei weiteren Nachforschungen stößt er unvermutet auf Zusammenhänge, die ihm die Politik bislang verschwiegen hatte, und findet sich schließlich bei nasskaltem Wetter zu einem abendlichen Spaziergang durch die »Oberstadt« seiner Gemeinde ein.

Es ist ein Montag.

Über der Pudelmütze hält er mit beiden Händen ein Plakat: »Brecht die Diktatur der Spackos!!« Beim Stresemannbrunnen, dem berühmtesten Sohn der Stadt gewidmet, werden ihm die Arme müde, und er entsorgt das Plakat ordentlich in einem Papierkorb.

Es wird nicht sein letzter Spaziergang bleiben.

Peter lernt Gleichgesinnte kennen. Seine neuen Freunde entdecken ihm weitere geheimnisvolle Informationskanäle. Sie eint die Befürchtung, Opfer weltweiter Verschwörungen zu sein. Deren Zwecke liegen zwar im Dunkeln, aber das haben Verschwörungen so an sich, ist Klaus-Peter überzeugt.

»Wenn man weiß, was sie wollen, ist es ja keine Verschwörung mehr«, argumentiert er fraglos nachvollziehbar.

Seither ist er für die offizielle Politik verloren, nicht jedoch für unversöhnliche Kritik an ihr im Internet. Er gehört fortan zu den Tausenden, die sich unentwegt und mit zunehmender Radikalität zu Wort melden und eine nervös überspannte Stimmung der Auflehnung und Weigerung verursachen. Sie planen keine Revolte oder gar Revolution, dazu reicht die Kraft nicht, sondern geben unbekümmert ihrer Lust am Tumult nach. Ihre Idee ist die Tat. Der Kompromiss ist Verrat.

9 Protagonist auf diplomatischer Bühne

»Die Pflicht des Diplomaten besteht in wechselseitigen
und unaufhörlichen Konzessionen.«

Otto Fürst von Bismarck

Womit eigentlich alles gesagt wäre.

Die höchste, zumindest die feinste Form der Kompromisssuche ist nach eigenem Dafürhalten die Diplomatie. Ihr Thema
ist in letzter Konsequenz: »Krieg oder Frieden«. Wer sich erfolgreich um das wertvollste Gut unserer Existenz, den Frieden, bemüht hat, darf folglich auf die bedeutendste Auszeichnung im
Rahmen der menschlichen Kompromisskultur, den Nobelpreis,
hoffen.

Auf jeden Fall sind diplomatische Auftritte stilvoller als die
Verkündigung eines Tarifabschlusses in der IG-Metall-Zentrale,
Wilhelm-Leschner-Straße 79, in Frankfurt/Main.

Die Diplomatie als geregelte Form des Ausgleichs zwischen
Staaten und Regierungen wird, ähnlich dem Kompromiss zwischen Individuen, von Beginn an mit von der Partie gewesen sein,
wie Karin Kneissl, die ehemalige österreichische Außenministerin,
vermutet: »Diplomatie wurde nicht zu einem bestimmten Zeitpunkt von einer Kultur erfunden, sondern ist Bestandteil allen zwischenmenschlichen und zwischenstaatlichen Zusammenlebens.«

Andernfalls hätten Stämme, Sippen oder Horden kaum nebeneinander existieren können.

Die ersten Konflikte entstanden um Jagdgründe und Siedlungsräume wie geschützte Höhlen, Wasserläufe und fruchtbare Täler. Kriegerische Auseinandersetzungen konnten sich ursprüngliche Gesellschaften wegen der Bevölkerungsknappheit nur um den Preis des drohenden Untergangs leisten. Deswegen beschränkten sie sich meist auf kurze Scharmützel oder rituelle Kampfdarstellungen, eine frühe Form der Diplomatie; sie zogen weiter und suchten ihr Auskommen andernorts. Raum gab es im Überfluss, Menschen blieben hingegen lange Zeit Mangelware. Erst nachdem die Bevölkerung gewachsen war, konnte man sich Kriege, Gefallene und Verwundete leisten.

In der Folge entstand die Diplomatie als neues Verhaltensrepertoire in der Form von Regeln und Vorschriften des Miteinanders, um das »schlechthin Böse«, den Krieg, zu verhindern. Als die Probleme ins Internationale kamen und ihre politischen Folgen weitreichender wurden, legte man das Geschäft der Beziehungen zwischen Staaten in die Hände erfahrener Fachleute, die über Verhandlungsgeschick und Sprachkenntnisse verfügten, nicht zu vergessen jene Eigenschaften, die den Umgang angenehm machen: Manieren, gutes Tuch und die Bereitschaft zum Schweigen und Zuhören.

Mitte des 19. Jahrhunderts, zur Hochzeit der internationalen Diplomatie, definierte der britische Premierminister Sir Robert Peel den Kompromiss als »große Maschine, den Frieden« zu erhalten.

Sein Landsmann Harold Nicolson, der zwischen 1909 und 1929 der englischen Krone diente und in Erinnerung bleibt, weil er am 4. August 1914 seinem deutschen Amtskollegen Karl Max von Lichnowksy die britische Kriegserklärung überreichte, hat in einem schmalen Bändchen zum Thema Diplomatie[15] das Holz geschildert, aus dem dessen Vertreter geschnitzt sein müssen. Demnach zeichnen sie sich durch Wahrheitsliebe, Genauigkeit, Ruhe, Gelassenheit, Geduld, Bescheidenheit und Loyalität aus, und er fährt fort: »Wenn der Eindruck entsteht, ich hätte: Intelligenz, Wissen, Urteilskraft, Gastfreundschaft, Charme und Mut vergessen, die habe ich vorausgesetzt!« Kurzum, zum Geschäft der Diplomatie braucht es den perfekten Menschen. Kaum überraschend, sind die Bemühungen in den zurückliegenden Jahrtausenden häufig vergeblich geblieben.

Nicolsons Begriff von Diplomatie verleugnet nicht dessen Herkunft aus dem Alltag des Kompromisses. Auf diplomatischer Bühne und gehobenem Niveau gehorcht er denselben Regeln wie die Auseinandersetzung zwischen einem Ehepaar zur Farbe einer neuen Tischdecke.

Bernhard von Bülow, Bismarcks Staatssekretär für auswärtige Angelegenheiten, unterscheidet in einem Brief an einen nahen Verwandten, bevor dieser die diplomatische Laufbahn einschlug, drei Ebenen im diplomatischen Handwerk: Informieren, Berichten und das Vermeiden von Lüge und Prophezeiung. Solcherlei Nüchternheit war ganz im Sinne seines Dienstherrn, denn der erwartete, dass seine Diplomaten Tatsachen nach Hause brachten und das Spekulieren ihm überließen.

Dem folgt die »Vertretung«: Wer darf was zu welchem Zweck und mit welcher Befugnis tun, um seine Regierung zu vertreten?

Und schließlich die »Verhandlungen«. Sir Ernest Mason Satow, der in den 1960er-Jahren des 19. Jahrhunderts zwischen dem aufstrebenden Japan und Großbritannien vermittelte, bestimmte in einem Anfang der 1920er-Jahre erschienenen *Guide to Diplomatic Practice*, diese als Vorgang, durch Takt, Klugheit und Augenmaß für den »Ausgleich der Interessen unabhängiger Staaten zu sorgen«, und schloss: »Wenn es trotzdem zum Krieg kommt, ist die Diplomatie gescheitert.« Er weist damit nachdrücklich auf das hohe Gut hin, für das die Diplomatie Verantwortung trägt, sowie den Preis, der zu entrichten sein wird, wenn sie ihren Aufgaben nicht gewachsen ist.

Die »goldene Zeit« der Diplomatie liegt einige Zeit zurück und dauerte ein knappes Jahr.

Zwischen der Eröffnung des Wiener Kongresses mit 12 000 Gästen am 2. Oktober 1814 und seinem Ende im September des folgenden Jahres rangen Vertreter der Siegermächte Russland, England und Preußen zusammen mit den besiegten Franzosen um eine neue mitteleuropäische Lösung. Sie hatten einiges aufzuarbeiten: das Ende des Heiligen Römischen Reiches Deutscher Nation, die amerikanische Unabhängigkeitserklärung, die Revolution von 1789 sowie Aufstieg und Untergang Napoleons. So viel Thema war zuvor noch nie gewesen.

Den Beteiligten war bewusst, dass ein solches Vorhaben, bei dem zahlreiche wohlbegründete Interessen in Mitleidenschaft gezogen und althergebrachte Ansprüche übergangen werden mussten, eines Mythos bedurfte, der über den Anlass hinaus weit in die Zukunft zu wirken vermochte. Andernfalls wäre den Ergebnissen nur kurze Dauer beschieden gewesen.

Sie fanden ihn in der unwahrscheinlichsten aller Formulierung: »Der Kongress tanzt«, und inszenierten ihn für die Nachwelt als rauschhaftes, trunkenes, endloses Fest.

Neun Monate, bis in den Juni 1815, als sich Gäste und Gastgeber wieder in alle Winde verstreuten, öffneten sich die Paläste der Donaumonarchie nach Einbruch der Dämmerung zu Bällen und Empfängen. In den Theatern hoben sich Abend für Abend die Vorhänge zu Werken von Schiller und dem vergessenen Kotzebue. Beethoven komponierte eigens die Kantate »Der glorreiche Augenblick« mit ihrem Eingangschor »Europa steht! Europa steht!«, sie musste bei der umjubelten Premiere mehrmals wiederholt werden. Aus Beethovens Ansprache bei der Premiere seiner siebten Sinfonie am Abend des 8. Dezember 1813 an die Mitwirkendenden spricht eine tiefe Dankbarkeit, den napoleonischen Kriegen entkommen zu sein, ebenso wie die Hoffnung auf eine friedliche Zukunft: »Uns alle erfüllt nichts als das reine Gefühl der Vaterlandsliebe und des freudigen Opfers unserer Kräfte für diejenigen, die uns so viel geopfert haben.« Die Musik, im vorangegangenen Rokoko noch kultiviertes Zerstreuungsmedium für die höheren Stände, wird zum Träger politischer Inhalte.

Nebenbei schenkten sie der Welt einen neuen Tanz. Die betuliche Polonaise, eine verschwitzte Gemeinschaftsbewegung, die bislang die Bälle beherrscht hatte, wurde über Nacht durch den Walzer entsorgt, der sich aus seinen endlosen Drehungen heraus unaufhörlich der Zukunft entgegenzubewegen schien. Und um die eines ganzen Kontinents ging es in jenen wild bewegten Wiener Monaten. Zudem erlaubte der Walzer ein unerhörtes Maß an körperlicher Nähe, die auf politischer Ebene zwischen den einst verfeindeten Nationen Gegenstand der Verhandlungen in der Hofburg waren.

Ein besseres Symbol für die Aufbruchsstimmung, die der Wiener Kongress unter den Völkern Europas hervorrief, als den im elegant-frivolen Dreivierteltakt komponierten Walzer hätte man nicht finden können. Die Zeiten des schwergewichtigen Vierteltakts, nach dem Soldaten marschieren und Militärmusik verfasst ist, schienen vorbei. Jetzt bestimmte eine leichtfüßige Musik das Zeitalter. Die namenlosen Tänzer, die jeden Abend bis in die frühen Morgenstunden ihre schwindelerregenden Walzerrunden drehten, trugen ebenso zu dem späteren Mythos des Wiener Kongresses und der Haltbarkeit seiner Ergebnisse bei wie die Beamten und Diplomaten, die Tag für Tag neue Vorschläge diktierten oder die der anderen bei Kerzenschimmer zur Kenntnis nahmen.

Nachträglich fragt man sich, wie unter diesen Umständen überhaupt ein Ergebnis zustande kommen konnte: genau deswegen!

Karl-Joseph von Ligne, der rosarote Prinz, nahm die Gelegenheit wahr, um sich mit dieser reizenden Bemerkung unsterblich zu machen: »Le Congrès danse beaucoup. Mais il ne marche pas«, und wollte damit zum Ausdruck bringen, dass die Zeit der schweren Stiefel zu Ende gegangen war.

Man mag die Einsicht des preußischen Hofhistorikers Heinrich von Treitschke »Männer sind es, welche die Geschichte machen« heute nicht mehr hören, vermutlich aus Selbstschutz, wenn man bedenkt, wer uns zur Auswahl steht. Der Wiener Kongress indes war zweifellos das Werk von wenigen ungewöhnlichen Männern, die von der Geschichte zum richtigen Zeitpunkt an den rechten Ort abkommandiert worden waren. Größtes Geschick bewies der Vertreter Frankreichs, Talleyrand, dem es trotz der französischen Niederlage schnell gelungen war, von seinen Kollegen, dem britischen Außenminister Castlereagh und dem preußischen Staatskanzler Hardenberg, als gleichberechtigter Verhandlungspartner anerkannt zu werden. Ihnen war bewusst, ein zukünftiger Friede in Zentraleuropa hatte eine »Balance of Power«, die auch von den Siegern Opfer verlangen würde, zur Voraussetzung. Diese Einsicht in einen tragbaren Vertrag umgesetzt und das Ergebnis den gekrönten Häuptern und deren Staatskanzleien erfolgreich vermittelt zu haben, ist das große Verdienst der Männer um Fürst Metternich.

Was die Diplomaten, Militärs und gekrönten Häupter indes nicht ahnen konnten, während sie nach erfolgreichem Tagwerk die gastliche Hofburg verließen: Sie hatten, ohne die langfristigen Folgen bedenken zu können, nebenbei den »Nationalstaat« zur Welt gebracht.

Der Zweck der alten Feudalstaaten war der Wille des Fürsten gewesen, der, als Verantwortlicher für den Landfrieden, den

Gehorsam seiner »Landeskinder«, und das waren alle, die auf seinem Terrain lebten, erwarten durfte.

Die neue Staatsform, ein Kind der Aufklärung, wird fortan zwischen »fremd« und »zugehörig« unterscheiden. Aus Untertanen wird das »Volk«, das sich eine eigene Identität zuschreibt, die wiederum durch Ideologien der Überlegenheit und Rassismus angereichert wird. Sendungsbewusstsein und historische Mission kommen zusätzlich ins Spiel.

Plötzlich ging es in den Beziehungen zwischen Regierungen und Hauptstädten um Weltanschauung und Prinzipien. Mit beiden ist auf der Suche nach Kompromissen nicht gut Kirschen essen. Wer Dogmen vertritt, wird sich schwerer tun nachzugeben als sein Gegenüber, der sich mit »Teilhabe« zufriedengibt.

Nach neun Monaten schenkte der Wiener Kongress Zentraleuropa eine neue Friedensordnung. Das »europäische Zeitalter«, das zu den innovativsten und aufregendsten Epochen der Menschheit gehören wird, konnte beginnen. Es sollte mit einigen Unterbrechungen hundert Jahre dauern dürfen. Die Ausnahmen waren die unvorhersehbaren Einigungskriege, die Bismarck führen ließ, um als kleindeutsche Lösung das deutsche Kaiserreich wieder entstehen zu lassen. Damit hatten sich die Gewichte in Zentraleuropa erneut verschoben. Der Wiener Friede kam ins Alter und wurde grau und müde, bis er schließlich in der Katastrophe des Ersten Weltkriegs gemeinsam mit einem ganzen Jahrhundert und der diplomatischen Weisheit, die einst dem Wiener Kongress die Feder geführt hatte, unterging.

Erneut machten sich die Staatsmänner und ihre Diplomaten an die Arbeit, die Scherben, die der Krieg hinterlassen hatte, zusammenzukehren, um daraus eine bessere Zukunft zu gewinnen.

Auch jene Zeit schenkte der Welt einen neuen Tanz, den Charleston, dem freilich eine andere Melodie aufspielte als »Die schöne blaue Donau« von Johann Strauss. Sein Urheber, James P. Johnson, war ein schwarzer Barpianist aus New Brunswick im US-Bundesstaat New Jersey. Sein Tanz brachte die Leiber nicht zusammen wie einst der Walzer, sondern war ein Einzeltanz wilder Bewegungen, an dessen Ende nicht die Umarmung, sondern die Erschöpfung wartete. Der Charleston trennt, was eigentlich zusammengehört.

Als Symbol der Vereinzelung und Indifferenz an den Bewegungen des anderen wäre er tatsächlich ein treffliches Symbol gewesen für die Versailler Friedensverhandlungen, die dort zwischen November 1918 und dem folgenden Juni geführt wurden. Die Bemühungen scheiterten an mangelnder Weisheit und Weitsicht der Beteiligten.

Die Staaten, die sich dort an einem dauerhaften Frieden versuchten, waren im zurückliegenden Jahrhundert zwar zu Nationalstaaten geworden, aber sie hatten noch nicht begriffen, dass nun andere Formen der Diplomatie und Konsenssuche gefordert waren. Die Instrumente, die für Verhandlungen zwischen Fürsten guten Dienst getan hatten, waren stumpf und ineffektiv geworden. Folgerichtig schusterten überforderte Politiker einen Friedensvertrag zusammen, in dem kritische Zeitgenossen schon damals die Keimzelle eines neuen Krieges erkannten. Zwei Jahrzehnte später war es dann so weit, und der Zweite Weltkrieg, der sich schnell über den gesamten Globus ausbreitete, konnte beginnen.

Fünf Jahre später hatte, wie Hiroshima eindrücklich bezeugte, das atomare Zeitalter begonnen, und die Gefahr des Menschheitsgenozids war unmittelbar real geworden, eine Situation nicht unähnlich der kurz nach der Menschwerdung, als das Schicksal der Spezies immer wieder am seidenen Faden hing.

Der Blick in den Abgrund und die Einsicht, dass die klassische Diplomatie Unterstützung nötig hatte, führten 1945 in New York zu Gründung der Vereinten Nationen als Plattform, auf der sich verfeindete Nationen jederzeit zu Gesprächen im Vorfeld verbindlicher und offizieller diplomatischer Verhandlungen treffen konnten.

Die ursprüngliche diplomatische Konstellation, bei der Regierungsvertreter untereinander nach Lösungen für Konflikte suchen, ist in der Folgezeit um zahlreiche Mitspieler ergänzt worden. Denn die Bemerkung von François de Callières aus dem Jahr 1716:»Die Kunst der Verhandlung ... ist so bedeutsam, dass das Schicksal selbst der mächtigsten Staaten davon abhängt«, galt nach wie vor. Was nottat, waren verbindlich eingefügte Dialogkanäle, um der klassischen Diplomatie neue Methoden des diplomatischen Verkehrs an die Hand zu geben.

Sehr bald begann der »eingefrorene Konflikt« als Substitut für einen Kompromiss, der nicht zu Ende verhandelt werden konnte, eine bedeutsame Rolle zu spielen. Wenn eine Vertragslösung im Augenblick nicht zu erreichen ist, wird der Konflikt nach vorgegebenen Regeln »eingefroren« und auf niedrigem Niveau gehalten, was allemal besser ist als jede kriegerische Auseinandersetzung.

Eigens beauftragte Regierungen müssen anschließend im Rahmen der Vereinten Nationen dafür sorgen, dass die Abmachungen zum »Stillstand« einer gefährlichen Entwicklung eingehalten werden.

Um die Erfolgschancen diplomatischer Bemühungen zu vergrößern und die Risiken zu mindern, hat man seither vor die eigentlichen Verhandlungen die »Präventivdiplomatie« als gesonderte Form geschaltet. Bevor sich die Diplomaten an ihre Arbeit machen, soll das zukünftige Verhandlungsterrain von störenden Nebengeräuschen und alten Vorurteilen befreit und in einem

»permanenten Dialog« Vertrauen aufgebaut und »Missverständnisse« beseitigt werden.

Otto von Bismarck verdanken wir eine weitere Figur an der Seitenlinie der Diplomatie, den »ehrlichen Makler«. Der deutsche Reichskanzler hatte ihn auf dem Berliner Kongress 1878 in die Verhandlungen zwischen Russland und Österreich eingeführt und die Rolle gleich selbst besetzt. Die neue Hilfskraft soll keine eigenen Interessen in einem vorliegenden Konflikt vertreten, gleichwohl dessen Materie in allen Einzelheiten beherrschen und zudem in der Lage sein, verfeindete Parteien zu vernünftigem Gedankenaustausch zu bewegen. In Berlin konnte er manches bewirken. Der »Honest Broker«, wie er in der Diplomatensprache bald hieß, war seither jedoch nur noch selten gesehen. Er ist vermutlich an den enormen Ansprüchen an die eigene Rolle gescheitert.

In jüngster Zeit hat ein weiterer Statist, der »Gute Dienst«, die diplomatische Bühne betreten. Er wird von Regierungen angeboten, die belastbare Beziehungen zu den beiden Seiten eines permanent ungelösten Konflikts haben. Der »Gute Dienst« bleibt bei der eigentlichen Arbeit am Kompromiss unbeteiligt. Er leistet diskrete Vorarbeit und versucht die Konfliktparteien erst einmal ins Gespräch zu bringen.

Teheran und Washington hatten nach der Erstürmung der amerikanischen Botschaft durch iranische Studenten im November 1979 ihre gegenseitigen diplomatischen Beziehungen abgebrochen und waren seither außerstande, bilaterale Probleme überhaupt nur zur Kenntnis zu nehmen. Erst die »Guten Dienste« osmanischer Vermittler, die enge Beziehungen zu allen Seiten hatten, konnten die Sprachlosigkeit drei Jahrzehnte später überwinden, mit dem Ziel, Verhandlungen zum iranischen Nuklearabkommen in Angriff zu nehmen.

Anfang der 1990er-Jahre leisteten norwegische Diplomaten
»Guten Dienst«, als sie unter größter Verschwiegenheit die Voraussetzungen für das Abkommen von Oslo und den Handschlag
zwischen dem israelischen Premierminister Jitzchak Rabin und
PLO-Chef Jassir Arafat organisierten.

Diplomaten sprechen in diesem Zusammenhang von Faszilität,
einer »neuen Leichtigkeit«, durch die versteinerte Verhältnisse
plötzlich in Bewegung kommen können.

Im Laufe der 1960er-Jahre hat sich die »Public Diplomacy« als
jüngste Mitwirkende dem diplomatischen Betrieb angeschlossen. Sie sucht Entscheidungen nicht mehr im Rahmen der klassischen diplomatischen Kanäle, sondern bemüht sich über breit
angelegte Öffentlichkeitsarbeit, die Stimmung und Ansichten im
gegnerischen Lager zu beeinflussen, um innenpolitischen Druck
für außenpolitische Entscheidungen auszuüben.

Die mediale Heimatfront zeigte zum ersten Mal während des
Vietnamkrieges durchschlagende Wirkung; der wurde zwar im
fernen Osten geführt, ging aber auf den Grünanlagen der amerikanischen Universitäten und Colleges verloren.

Diese Form mittelbarer Diplomatie jenseits der altgedienten Kanäle hat in den zurückliegenden Jahrzehnten an Bedeutung und
Einfluss gewonnen. Ihren größten Erfolg erzielte sie in den
1980er-Jahren im Rahmen der weltweiten Debatte um den NATO-
Doppelbeschluss vom 12. Dezember 1979. Darin kündigt das Mi-
litärbündnis erstens die Stationierung von Mittelstreckenraketen
in Europa an, wenn, zweitens, nachfolgende Abrüstungsverhand-
lungen erfolglos bleiben würden.

Am 22. Oktober 1983 versammeln sich 300 000 überwiegend
junge Leute auf der Bonner Hofgartenwiese, um friedlich gegen
das Aufrüstungsvorhaben zu demonstrieren. Unter ihnen auch

ein blond gelockter Juso aus Hamburg, der sich später anschicken sollte, Bundeskanzler zu werden. Noch jedoch ist er ein Gesicht in der Menge, während auf der Ehrenbühne hoch über ihm Harry Belafonte vergeblich nach seinem Gitarristen, der im Gewühl verloren gegangen war, sucht. Schließlich singt er a cappella ein Spiritual aus dem Süden der Vereinigten Staaten: »Down by the Riverside«, in dem es in Anlehnung an das Alte Testament (Micha 5,14) heißt: »Ain't go study war no more« – »Wir bereiten keinen Krieg mehr vor«.

Nach ihm wird Willy Brandt vor das Mikrofon treten: »Wir brauchen in Deutschland nicht mehr Mittel zur Massenvernichtung, wir brauchen weniger«, wird er in bewusstem Gegensatz zu Helmut Schmidt, dem Erfinder der Raketenlücke, die zur Begründung der Nachrüstung diente, erklären. Zeitgleich gehen überall im Lande, ebenso wie weltweit, Menschen auf die Straßen. Viele Millionen müssen es damals gewesen sein.

Am Abend des Tages wird Friedrich Nowottny, Leiter des ARD-Hauptstadtstudios vom Bahnsteig 1 des Bonner Bahnhofs in die *Tagesthemen* zugeschaltet. »Das waren keine radikalen Kräfte, sondern Ihre Söhne und Töchter, die sich in ehrlicher Sorge um den Frieden in die Bundeshauptstadt aufgemacht hatten«, erklärt er, umringt von Demonstranten, und bestätigt die Hoffähigkeit dieser Form von Diplomatie.

Den Verhandlungsführern in Genf hatte sich überraschend die Friedensbewegung zugesellt.

Alle Bemühungen werden vorläufig trotzdem scheitern, unterbrochen, wieder aufgenommen, um erneut zu scheitern. Die Friedensbewegung sitzt zwar nicht mit am Verhandlungstisch, ist jedoch mit ihren weltweiten Aktionen über die Medien ständig zugegen. Und sie weiß Mehrheiten hinter sich. Inzwischen lehnen 67 Prozent der Deutschen die Nachrüstung ab. Auf dem Rest des Kontinents sind die Zahlen ähnlich hoch. Diese Gruppe gewinnt weiter an Zulauf. Jahre vergehen ohne greifbare Ergebnisse, aber sie hält durch, bis sich Gorbatschow und Ronald Reagan Jahre später 1987 im INF-Vertrag auf die weltweite Vernichtung von Kurz- und Mittelstreckenraketen einigen. Ein Kompromiss, der ohne die Millionen draußen auf den Straßen und Plätzen als Vertreter der Public Diplomacy vermutlich kaum zustande gekommen wäre.

Gorbatschow wird später erklären, seine Kontakte zu Vertretern der Friedensbewegung bei einem Kongress in Moskau 1987 hätten ihn zu jenen Zugeständnissen veranlasst, die den INF-Vertrag erst ermöglicht hätten.

Mit einer ungewöhnlichen, wenngleich erfolglosen Strategie haben die italienischen Faschisten in den 1930er-Jahren versucht, das diplomatische Regelwerk mittels des »tona fascista« zu ergänzen. Die Mitarbeiter in den italienischen Botschaften wurden angewiesen, in ihren Gastländern auf die traditionellen Formen des höflichen Umgangs, auf Gewandtheit und Liebenswürdigkeit zu verzichten und stattdessen im Bewusstsein, sich in »einer ständigen Schlacht« zu befinden, »mutig in ungestümer Stärke« aufzutreten. »Hochmütige Zurückhaltung« war höchste Form der Nähe, die ihnen noch gestattet war.

»Was soll ich in Paris zu erreichen suchen?«, fragte Raffaele Guariglia, bevor er dort im November 1938 seinen Posten als Botschafter antrat. »Nichts«, riet ihm sein Vorgesetzter, der Minister des Äußeren, Graf Galeazzo Ciano. »Das wird schwierig sein«, erwiderte Guariglia, »aber ich will mein Bestes tun.«

Die Italiener waren nicht die Einzigen, die das klassische Handwerk der Kriegsvermeidung und damit den Kompromiss als furchtsames Nachgeben verachteten und der beherzten Tat den Vorzug gaben. Aus Madrid, Moskau und selbstredend Berlin waren ähnliche Töne zu hören. Wie eine zukünftige Welt ohne Kompromisse aussehen würde, konnten deren Regierungen eine Dekade später auf den Schlachtfeldern Europa besichtigen.

»Merkt euch, dass ich Kompromisse nicht liebe«, hatte Mussolini den Weg in die diplomatische Zukunft gewiesen. Es wurde schließlich der in die absolute Niederlage.

Der größte Erfolg in jüngster Vergangenheit mit Mitteln der Diplomatie war im »Annus mirabilis« 1989, dem Jahr der Wunder, die friedliche Beendigung des Kalten Krieges und der Fall des Eisernen Vorhangs. Wieder war zufällig das richtige Personal, Gorbatschow, Kohl, Mitterand und Bush, zur Stelle, um eine historische Chance in die Tat umzusetzen. Und wieder waren es vier Politiker, denen bewusst war, dass sich ihnen nur ein eng begrenztes Zeitfenster geöffnet hatte. Sie haben es klug und erfolgreich zu nutzen gewusst und ihren Nachfolgern eine Welt hinterlassen, in der die Aussicht bestand, im Rahmen einer neuen Weltordnung die Probleme Klima, Armut, Migration, die Atomwaffenverbreitung nicht zu vergessen, gemeinsam in Angriff zu nehmen.

Es sieht indes nicht so aus, als hätten wir aus dem alten Ost-West-Konflikt zwischen den Vereinigten Staaten und Russland etwas gelernt. Über Jahrzehnte hatten beide Seiten unglaubliche Energien und sagenhafte Summen in ein Wettrüsten gesteckt, um am Ende dort angekommen zu sein, wo die Entwicklung einst ihren Ausgang genommen hatte. Der Kalte Krieg war die vermutlich »größte Torheit« nach der Geschichte mit dem Trojanischen Pferd, die Regierende je in die Tat umgesetzt haben. Wobei man den Trojanern zugutehalten muss, dass die Hinterlassenschaft der Griechen nicht verhandelbar war. Seit dem Ende des Ostens, wie wir ihn bekämpft haben, sind zwar nur wenige Jahre ins Land gegangen, aber wir planen bereits die nächste bipolare Welt, dieses Mal zwischen den Vereinigten Staaten und China. Diplomaten werden noch lange gut zu tun haben, um das zukünftige »Gleichgewicht des Schreckens«, von dem dann unser Überleben abhängen wird, wieder aufs Neue auszubalancieren.

Der amerikanische Militärhistoriker Donald Kagan ist der Überzeugung, dass der Krieg zum »Los des Menschen gehört«[16]. Man kann ihm unter Umständen auf Zeit entkommen, aber er wird uns dennoch »auf ewig« begleiten.

Kompromisse könnten, vorausgesetzt Kagan hat recht, unser »Schicksal zum Krieg« lediglich vertagen. Seine Verhinderung auf Dauer würde die Kraft diplomatischer Übereinkünfte überfordern und wäre zum Scheitern verurteilt.

Sollte Kagan recht haben, geht die Welt gefährlichen, wenn nicht aussichtslosen Zeiten entgegen. Bislang war noch jeder Krieg destruktiver als seine Vorgänger. Beim nächsten großen Waffengang werden die Atomsprengköpfe kaum in ihren unterirdischen Silos bleiben.

Zukünftige Diplomaten stehen vor der besonderen Herausforderung, ein Problem lösen zu müssen, für das es keine verhandelbaren Alternativen gibt. Ein Atomkrieg kennt keinen Kompromiss. Er darf nicht einmal auf die Tagesordnung von Gesprächen kommen. Es wird neuer, bislang unbekannter Strategien auf der Suche nach Kompromissen bedürfen, um einen Ausweg aus einer Situation zu finden, in die sich die Menschheit bei klarem Verstand zwar, aber aus politischem Unvermögen manövriert hat. In der ersten Runde des Kalten Krieges hat sie noch erfolgreich den Kopf aus der Schlinge gezogen. Die nächste kann aussichtsloser und gefährlicher werden. Die Waffen sind schneller und die Rolle der IT-Technik im Vorfeld eines zukünftigen Krieges kaum durchdacht. Zudem drohen auf »westlicher« Seite populistische Regierungen gewählt zu werden, die Kompromisse für eine veraltete Idee halten. Ein neuerlicher Krieg würde deren Programm, die Vereinfachung komplexer Zusammenhänge, in jeder Hinsicht entgegenkommen, indem sie diese für immer abschaffen.

»Im aufziehenden neuen kalten Krieg zwischen den USA und China bliebe Europa neutral«, heißt es salopp, als sei er bereits beschlossene Sache, in einem Buch aus der Feder eines Berliner Insiders über die letzten Tage der Bundeskanzlerin.

Der ehemalige NATO-Oberkommandeur Admiral James Stavridis befürchtete jüngst,»die USA und China können heute in einen Konflikt stolpern, ähnlich wie seinerzeit die Großmächte in den Ersten Weltkrieg«, und erinnert daran:»Das einzige absolute Böse ist der Krieg.«[17]

10 Seit' an Seit' – Die Toleranz

»Dummköpfe ertragen ist der Gipfel der Toleranz.«

Voltaire

Für einen guten Kompromiss braucht es zu gleichen Teilen Verstand, Mut, Verträglichkeit und Weisheit. Eigenschaften, die jeder gerne für sich in Anspruch nimmt. Die zudem – darf man empirischen Untersuchungen zum Eigenbild vertrauen – auch zu hohen Prozentsätzen in jedem von uns vorhanden sind, gemessen an den realen Handlungen jedoch nur in geringer Menge eine Rolle spielen. Auf die wird ein Kompromiss zwar zurückgreifen müssen, sich jedoch nicht verlassen dürfen.

Von schwacher Konstitution wäre er, auf sich gestellt, kaum in der Lage, sich im sozialen Getümmel zu behaupten. Faulheit und roher Wille, nicht zu vergessen Dummheit und Machthunger, die unvermeidlichen Beigaben zur menschlichen Existenz, würden ihm bald zusetzen und ihn wirkungslos machen.

Er gehört zu den weichen sozialen Strukturen und scheint stets bemüht, aus dem Hintergrund auf die Einsicht der Beteiligten zu wirken, in der Hoffnung auf Umstände, die seinem Zwecke günstig sind, wie etwa die Erschöpfung kriegsführender Parteien nach verlustreichen Kämpfen. Während Tarifverhandlungen

können volle Auftragsbücher ebenso wie leere Gewerkschafts-
kassen nützlich sein, Aus diesem Grund hat eine kluge Regie
dem Kompromiss Beistand zur Seite gestellt.

Ein ehemaliger Bundespräsident hat sich im Land umgeschaut,
um zu erkunden, was heute zum Thema Toleranz von Bedeutung
sein könnte. Ausgangspunkt seiner Bemühungen war die Befürchtung, dass auf den »Straßen und im Internet« eine neue, »bös-
artige Intoleranz« zu beobachten sei, die dazu führt, dass »Kompromisse als Ausdruck politischer Schwäche verachtet werden«.
Wenn Joachim Gauck bereits nach wenigen Sätzen seiner Überlegungen Toleranz und Kompromiss unmittelbar zueinander in
Beziehung setzt, darf man vermuten, die beiden sind eng miteinander verbunden. Wobei sich die Toleranz zum Kompromiss
wie die Begabung zur Bemühung verhält: Sie kommt ohne ihn
aus, er aber nicht ohne sie.

Das Projekt »Toleranz« oder »Duldung« ist eines der wertvollen
Erbstücke, die uns Humanismus und Aufklärung einst hinterlassen haben. Sie ist Kind der Vieldeutigkeit am Ende der Eindeutigkeit, nachdem die christlichen Kirchen als unerschöpfliches
Wahrheitsreservoir ausgedient hatten. Der frühe Christ wusste
sich einst einig, der Tolerante weiß sich uneinig.

Ihren praktischen, politischen Ursprung hatte die Toleranz in
den Herausforderungen, die mit der Spaltung des Christentums
im Zuge der Reformation entstanden waren. Die weltlichen Herr-
scher standen plötzlich vor dem Problem, in ihren Territorien für
ein tolerantes Miteinander der beiden Konfessionen, die wild entschlossen waren, »ihr Sach« durchzufechten, zu sorgen. Im Augsburger Religionsfriede von 1555, einem der wirkmächtigsten
Kompromisse der Geschichte, wurden die Bedingungen für ein
von Lutheranern und Katholiken bevölkertes Terrain verbindlich
festgelegt. Nach der Formel »cuius religio, eius religio« durfte

der Landesherr in Zukunft eigenmächtig die Religionszugehörigkeit seiner Untertanen bestimmen. Denen wurde im Gegenzug das »ius emigrandi« eingeräumt, das Recht, das Land zu verlassen, um sich eine neue Heimat zu suchen. Das war damals eine moderne Errungenschaft. Fürsten ließen Untertanen nur ungern ziehen, denn jedes Paar gesunder Arme trug zu ihrem Reichtum bei.

Die »Augsburgerei« war ein hartes Stück Arbeit gewesen, hatte sich aber gelohnt. Ihr folgte mit 63 Jahren eine der längsten Friedensperioden im Heiligen Römischen Reich Deutscher Nation. Bis Zentraleuropa 1618 in Flammen aufging und im Dreißigjährigen Krieg versuchte, sich selbst zu vernichten. Es sollte nicht das letzte Mal gewesen sein.

Aus dem Augsburger Verhandlungsergebnis entwickelte sich in der Folge das Recht der »freien Wahl von Überzeugungen« und im Anschluss die Toleranz als »Anerkennung der Wahlfreiheit für andere«, wie die UNESCO 1955 zum 10. Jahrestag ihres Bestehens weltweit verbindlich zusammengefasst hat. Das ist die Sprache demokratischer Gesinnung, wie wir sie kennen. Ein halbes Jahrtausend vorher war die Duldung fremder Ansichten, die heute zu den eingespielten Bedingungen des täglichen Umgangs gehört, nichts weniger als eine Revolution gewesen.

Dem breiten Publikum wurde die neue Verträglichkeit 1689 in dem »Letter Concerning Toleration« des Engländers John Locke vorgestellt, eines Jahrtausendkopfs, der im Alleingang die theoretischen Grundlagen für das neuzeitliche Staatsverständnis entwickeln sollte und damit der Aufklärung das politische Unterfutter vorgab, ohne das auch die tauglichsten Ideen keine Chance haben, Allgemeingut zu werden.

Während die Toleranz noch bemüht war, sich auf der sozialen Agenda zurechtzufinden, musste sie bereits wieder eingehegt und zurechtgestutzt werden.

Gilt sie unbegrenzt für jedes Thema und jede Meinung?, lautete die Frage, die zu klären war – und die bis heute nicht entschieden ist. Denn beides ist nicht zu haben: das formale Prinzip grenzenlos gedanklicher Freizügigkeit im Verbund mit den inhaltlichen Vorgaben der abendländischen Ethik. Wenn Rassismus etwa gegen die Richtschnur unserer Werte verstößt, können wir seine Verbreitung nicht »tolerieren«.

Was als ungebärdiger Wildwuchs persönlicher Überzeugungen aufgeklärter Zeitgenossen vor über drei Jahrhunderten begann, musste im Laufe der Zeit wiederholt eingeholt und gezähmt werden. Vor allem in Epochen der Restaurationen wurde versucht, den unwillkommenen Weggefährten loszuwerden. Alle Bemühungen blieben letztlich erfolglos, denn die Toleranz hatte sich mit dem ehernen Bewegungsgesetz der Neuzeit, dem der Ausdifferenzierung aller Lebensbereiche, verbündet und in die Pflicht nehmen lassen.

In deren Rahmen wuchs der Formenreichtum in allen gesellschaftlichen Bereichen wie Kunst, Lebensstil und Ansichten unaufhörlich. Ohne die Bereitschaft, die wachsende Vielfalt aufgeschlossen anzuerkennen, käme der soziale Zusammenhalt der Moderne auf Dauer in ernste Gefahr. Zudem steigt die Zahl der Alternativen, denen sich jeder bei seinen Unternehmungen und Absprachen gegenübersieht, ins Unermessliche. Die Toleranz, der häufig ein Moment von Gleichgültigkeit eigen ist, erlaubt uns, einen Großteil der Eindrücke und Anregungen gelassen und »tolerant« zur Seite zu legen. Andernfalls würde uns deren Vielfalt überwältigen und unsere Handlungsfähigkeit zum Erliegen bringen.

Kurz: Die Toleranz ist seit Beginn der Neuzeit untrennbar mit dem Gang der Dinge verbunden.

Ihre erstaunliche Karriere über drei Jahrhunderte als Bekenntnis zur Vielfalt persönlicher Eigenschaften und Überzeugungen verdankt die Toleranz der Doppelnatur, die ihr im Gegensatz zur »Gleichgültigkeit« eigen ist. Der Gleichgültige betrachtet die Dinge leidenschaftslos und unbewegt. Der Tolerante indes hat stets zwei Seelen in seiner Brust. Ihm ist bewusst, das Objekt seiner Toleranz, die Gleichgeschlechtlichkeit etwa, entspricht zwar nicht seinen Überzeugungen, aber er hat sich entschlossen, »tolerant« zu sein und das Rouge auf den Wangen des Arbeitskollegen schweigend hinzunehmen. Als Unternehmer hält er den Mindestlohn zwar für einen Vorläufer des Sozialismus, ist jedoch bereit, die Meinung seines sozialdemokratischen Nachbarn zu tolerieren und weiterhin gemeinsam die *Sportschau* anzuschauen. Aus der ständigen Spannung zwischen den gesellschaftlichen Vorgaben zur Duldung und den oft verborgenen Überzeugungen des Einzelnen schöpft die Toleranz ihre Kraft.

Heute, 250 Jahre nach Lessings *Nathan der Weise*, einem wilden Bühnenstück mit modernem Happy End, in dem religiöse Toleranz zwischen unterschiedlichen Religionen erfolgreich die Hauptrolle spielt, ist sie ebenso fester Bestandteil unserer privaten Verkehrsformen wie der Kompromisssuche im politischen Raum.

Unter der Obhut gedanklicher und politischer Vielfalt – und damit verbunden der Freiheit – wurde Zentraleuropa zum weltweiten Kraftzentrum der kulturellen und zivilisatorischen Entwicklung. Abweichende Meinungen sind zwar häufig ein Ärgernis, aber ebenso Voraussetzung für jede Form von Einfallsreichtum und Gestaltungskraft.

Aus dem ursprünglich persönlichen Bekenntnis zur Toleranz entwickelte sich ein Allgemeingut, das – den Notwendigkeiten der Vergesellschaftung folgend – durch Sitten und Gebote abgesichert wurde. Toleranzverstöße waren ursprünglich selten strafbewehrt. Man versuchte, sich ihrer vorläufig durch Ächtung oder Ausgrenzung, die für Kontrolle und im sozialen Nahverkehr zuständig sind, zu erwehren.

Tolerant vermittelte Zwietracht gehört unverzichtbar zu unserer Epoche. Sie ist ein wesentlicher Teil des sozialen Kontrakts, den jeder mit dem sozialen Umfeld, in dem er leben möchte, eingehen muss. Sie zieht notwendig Verunsicherung und Zweifel nach sich. Dem steht das Bedürfnis nach Eindeutigkeit und gedanklicher Sicherheit entgegen. Zwischen beiden Polen wird jeder von uns ein Leben lang sein Auskommen suchen müssen.

Die Bundesrepublik tat sich anfänglich schwer mit der Toleranz, nachdem sie im Dritten Reich bis auf Reste zum Erliegen gekommen war. Die ersten Versuche sich in den frühen Nachkriegsjahren ihrer wieder zu versichern, begannen mit ernsthaften Auseinandersetzungen um kleinteilige Themen wie Rocklängen oder moderne Kunst, Geschlechtsreife nicht zu vergessen.

Noch in den 1960er-Jahren, heute schwer nachvollziehbar, brach in der Republik ein Kulturkampf um die Haarlänge von Jugendlichen aus. Was auch daran gelegen hat, dass die Lockenpracht symbolisch mit Rebellion und Eigensinn aufgeladen wurde. In Berlin sollen sich Bauarbeiter einen Langhaarigen geschnappt und ihm unter dem Gejohle der Umstehenden eine Frisur geschoren haben, wie sie amerikanische Soldaten trugen, die zum Schutz der Frontstadt dorthin abkommandiert worden waren. Für langhaarige Vietnamkriegsgegner zweifellos die höchste Form der Erniedrigung!

Die Achtundsechziger haben dem bald danach ein Ende bereitet und noch ganz andere Toleranzräume geöffnet, wie etwa den Kurfürstendamm als Begehungsort für Vietnamdemonstrationen. Seither geht es in der Republik nicht nur bei sozialer Tuchfühlung tolerant zu. Gewichtige Themen, wie Glaube oder sexuelle Orientierung fallen nach häufig jahrelangen Bemühungen unter das Toleranzgebot. Was einst gefahrlos missbilligt oder abwertend zur Kenntnis genommen werden durfte, Homosexualität, Hautfarbe und Diversität, hat es in den Katalog der toleranzbewehrten Überzeugungen und allseitig akzeptierten Attribute geschafft.

Bei diesen Themen herrscht Intoleranz gegenüber der Intoleranz, verbunden mit der Pflicht zur Gegenrede in Medien und Politik ebenso wie in privaten Gesprächen. Das setzt Mut voraus, und der ist selten. Deswegen verlassen wir in der Regel unauffällig das soziale Feld, in dem Toleranzgrenzen überschritten werden, und betrachten den Tabubruch still aus sicherer Distanz. Eingedenk der mangelhaften Verteilung von »Sozialmut« unter der Bevölkerung hat der Gesetzgeber strafbewehrte Tatbestände zum Schutz der Toleranzkultur geschaffen.

Obendrein sind wir gefordert, unser Toleranzrepertoire ständig auszuweiten oder neuen Entwicklungen anzupassen.

Die Ausdifferenzierung der Gesellschaft, die längst noch kein Ende gefunden hat, sondern sich, im Gegenteil, weiter beschleunigt, sorgt unaufhörlich für neue Toleranzräume, deren Erkundung zu den letzten Abenteuern in einer Welt ohne Neuland gehört. Wer sich gegenüber dem »Fremden« oder »Andersartigen« zur Toleranz entschließt, sieht sich notwendig neuen Erfahrungen und Einsichten ausgesetzt und wird nicht umhinkönnen, im eigenen Verhaltensvorrat aufzuräumen, alte Gewissheiten zu entsorgen und sich ungewohnten, gelegentlich verstörenden Begegnungen auszusetzen.

Wer glaubt, ohne die Bereitschaft zur Toleranz als vertrautem Teil seines Innenlebens durch die Vielfalt moderner Formen zu kommen, wird sich bald eines Besseren belehrt sehen. Wir üben nicht mehr wie ehedem den Umgang mit einer begrenzten Zahl von Themen ein, sondern die Grenzenlosigkeit als eine Form der Globalisierung in jedem von uns – unerlässliche Voraussetzung, sich in der Gegenwart zurechtzufinden.

Toleranz darf nicht verwechselt werden mit Bequemlichkeit oder unverbindlicher Gutmütigkeit. Sie verlangt bewusste und kundige Auseinandersetzung mit ihrem Objekt. Man sollte schon näher kennen, wem gegenüber man sich bemüht, tolerant zu sein. Zudem setzt Toleranz die Bereitschaft voraus, Ressentiments oder Vorurteile etwa gegenüber Minderheiten zu entsorgen. Bei genauerer Betrachtung wird jeder – neben zahlreichen toleranzbelastbaren Einstellungen – ebenso viele untaugliche bei sich entdecken müssen. Unter ihnen auch »liebe« und »werte«, von denen die Trennung häufig schwerfällt.

Was gestern noch gefahrlos missbilligt werden durfte, kann morgen unerlaubt sein. Namentlich die Beziehungen zwischen den Geschlechtern haben sich tiefgreifend verändert. Zahlreiche Gesten, Blicke und Bemerkungen sind aus dem Schatz einst gebräuchlicher Umgangsformen verschwunden und durch empfindsamere ersetzt worden.

Der neue Schliff gilt ab sofort.

Harmlose Anspielungen von ehedem können heute ungeahnte Sprengkraft entwickeln. Jeder ist, unabhängig von seinem Geburtsdatum, gut beraten, sich der neuen Beziehungskultur bis in die letzten feinfühligen Einzelheiten zu versichern, wenn er sozialen Flurschaden vermeiden möchte.

»Everyone's so sensitive. Words hurt they say«, hat der US-Schauspieler Chris Rock verunsichert erkannt.

Die Sache wird kompliziert.

Die Geschäfte im zwischenmenschlichen Bereich werden, bis die Grenzen zwischen dem Sagbaren und Unsagbaren wieder sicher abgesteckt sind, anspruchsvoll und verwirrend bleiben. Es wird einige Zeit dauern, bis eine neue Mittellage die Verhältnisse wieder zur Ruhe bringt.

Toleranz macht Differenz möglich, Differenz macht Toleranz nötig.

Es wird jedoch nicht genügen, die Mannigfaltigkeit wohlwollend »tolerant« zur Kenntnis zu nehmen, um in verständnisvoller Geste entspannt und nach bewusster Verarbeitung von Differenzen der Vielfalt gegenüberzutreten. Toleranz ist auch und vor allem ein mentaler Prozess und Teil des emotionalen Haushalts. Disziplin und Einsicht wären angesichts der zahlreichen Anfragen zur Toleranz überfordert, wenn sie nicht durch Kräfte wie Einfühlungsvermögen und Großzügigkeit unterstützt würden.

Um die eigene Bereitschaft zur Nachsicht zu schonen, lassen wir uns gerne in sozialen Milieus mit ähnlichen Toleranznischen nieder. »Gegensätze ziehen sich an«, heißt es zwar, aber wir geben eher dem alten Volksmund »Gleich und Gleich gesellt sich gern«, den Vorzug. Es lebt sich bequemer dort, wo die eigenen Überzeugungen vor den Stürmen der Vielfalt sicherer sind.

Als kulturell vermitteltes Talent muss die Toleranz bei Bedarf abrufbar sein. Ohne sie kommt keiner erfolgreich durch die Moderne. Als Teil des subjektiven Denk- und Akzeptanzvermögens ist sie indes kein Gefäß von beliebigem Ausmaß, in dem alle

Überzeugungen Platz finden können. Jeder verfügt über seinen persönlichen Toleranzbereich, in dem er »fremde« Vorstellungen großzügig zur Kenntnis nimmt. Darüber hinaus bleiben Vorbehalte, die bei Bedarf bewusst ausgeglichen werden müssen, wenn die Kommunikation nicht zum Erliegen kommen soll.

Wie aber verhält sich die Toleranz zum Kompromiss? Als natürliche Hilfskraft steht sie ihm bei jeder Herausforderung meist unauffällig zur Seite.

Die Bemühungen um eine tolerante Haltung entstehen aus dem Wunsch nach Einvernehmen mit der sozialen Umwelt. Toleranz scheut in der Regel den Unfrieden und sucht – ähnlich dem Kompromiss – ein gütliches Miteinander unterschiedlicher Lebensweisen. Wo Toleranz zum Prinzip der Geselligkeit geworden ist, wird folglich der Kompromiss nicht weit sein.

Auch tolerante Zeitgenossen haben die gleichen Vorbehalte, einen Kompromiss einzugehen oder abzulehnen, wie jeder andere auch. Sie verfolgen persönliche Interessen und möchten ungern verzichten. Allerdings sind sie auf die gemeinsame Suche nach einer Übereinkunft besser vorbereitet.

Tolerant sein heißt nicht nur »dulden«, sondern als Voraussetzung einer toleranten Haltung die Eigenheiten anderer schärfer und großzügig in den Blick nehmen.

Wer Toleranz als soziale Verkehrsform begriffen und verinnerlicht hat, ist gerüstet für die allgegenwärtige Suche nach Kompromissen in der Mannigfaltigkeit moderner Lebensentwürfe.

Toleranz zwingt den Betroffenen, bewusst gegen eigene Überzeugungen zu denken und zu handeln. Sie ist dahingehend wie der Kompromiss eine der Paradoxien, denen wir unvermeidlich ausgesetzt sind. Wir wissen es besser, handeln dem entgegen, erleiden Verlust und erzielen trotzdem Gewinn. Wir werden beide ertragen – Toleranz wie Kompromiss – und mit ihnen pragmatisch zurechtkommen müssen.

Schließlich erleichtert die Toleranz nach erfolgreicher Einigung die Zustimmung zu den Verzichtsleistungen, die jeder Kompromiss den Beteiligten abverlangt.

Deswegen gilt: Erziehung zur Toleranz ist Erziehung zum Kompromiss.

11 Der Streit, die Mutter der Eintracht

»Es wäre unfriedlicher ohne den Streit!«

Kalenderweisheit

Streit und Kompromiss sind Geschwister aus der Familie der menschlichen Geselligkeit. Im Streit entsteht Fortschritt als Teil von jener Kraft, »die stets das Böse will und stets das Gute schafft«[18]. Wobei der Kompromiss nur zweitgeboren ist und dem Streit alle Rechte der Erstgeburt zukommen. Ohne den Streit in der Vorderhand wäre die häufig beschwerliche Kompromisssuche als bewährter Versuch, einen Streit beizulegen, überflüssig.

Einem flüchtigen Blick bereits fällt die ungeheure Vielfalt an Bedeutungen auf, mit denen der Streit daherkommt. Zu seinem Begleitpersonal zählen der Unfriede ebenso wie das Gezänk, seit alters her der Rosenkrieg und nicht zu vergessen, als demokratische Grundtugend, die Kontroverse. Streit herrscht zwischen Schulhofprügeleien und Schlachtenlärm, unaufhörlich auch im letzten Winkel des sozialen Gewebes. Er begleitet jeden – von der ersten Ohrfeige bis hin zu Erbstreitigkeiten am Totenbett – unerbittlich durch sein Leben. Wer hofft, ihm in der Einöde zu entkommen, wird bald mit sich selbst hadern und der unerträglichsten Form des Streits ausgeliefert sein. Er und seine Ableger sind häufig unterhaltsame Weggefährten und »soziale Tatsachen« im besten Sinn. Allein streitet es sich schlecht. Das ist dem *Deutschen Hausschatz* nicht verborgen geblieben: »Wo Leben ist, ist Streit«, heißt es dort schlicht, aber erschöpfend.

Man wird sich schwertun, eine Beziehung zu finden, in der nicht gestritten wird. Der unvermeidlich hohe Anteil an sozialer Nähe im Zank ist Ursache des verführerisch giftigen Zaubers, der ihm trotz der Blessuren und Demütigungen eigen sein kann. Anlass für böses Blut sind daher häufig der Wunsch nach Aufmerksamkeit und die Hoffnung, Gleichgültigkeit und Indifferenz zu überwinden. Im Missklang kommt man seinem Gegenüber oft näher als im ruhigen Vollzug des Alltags.

Trotzdem bleibt Streit in seinem Formenreichtum eine ständige Gefahr für das Bedürfnis des Menschen nach Eindeutigkeit und Geborgenheit. Darin liegt die Ursache der uralten, kollektiven Sehnsucht nach einem konflikt- und streitfreien Gemeinwesen.

In den Himmelreichen fast aller Religionen geht es folglich überaus geruhsam zu. »Wolf und Lamm werden friedlich zusammen weiden, und der Löwe wird Heu fressen wie ein Rind«, heißt es in der Bibel (Jesaja 65,25). Im Nirwana der Buddhisten sind wir kollektiv von »Ich-Sucht und Gier«, die zeit unseres Lebens Ursache ständiger Streitigkeiten waren, befreit und ruhiggestellt.

Karl Marx war als vorzüglicher Soziologe, aber gescheiterter Hellseher klug genug, das Fenster zum Hof der kommunistischen Utopie meist verschlossen zu halten. In einer berühmten Ausnahme versprach er jedoch eine Nachwelt, in der jeder aufgefordert ist, »heute dies, morgen jenes zu tun, morgens zu jagen, nachmittags zu fischen, abends Viehzucht zu treiben und nach dem Essen zu kritisieren«[19]. Abgesehen davon, dass in dieser Zukunft nicht mehr viel zu kritisieren bleibt, würde in ihr der belebende und fruchtbare Streit über den rechten Weg zu allem zum Stillstand kommen, und das kommunistische Paradies und mit ihm der Kompromiss würden friedlich entschlafen.

Was auf den ersten Blick als attraktive Idee erscheint, ist selbst als Gedankenexperiment kaum vorstellbar. Jede Gesellschaft steht pausenlos vor der Schwierigkeit, Streit einzuhegen und in verlässliche Bahnen zu lenken, um ihn kompromissfähig zu machen. Sie wird bei dieser Aufgabe, die niemals ein Ende haben wird, von erfahrenen Hilfstruppen wie Glaube, Justiz und Traditionen unterstützt. Neu im Geschäft ist der »Coach«, der neben sachlichen Argumenten in der Form von Kosten-Nutzen-Analysen vor allem versuchen muss, die emotionalen Energien, die jedem Streit innewohnen können, zu neutralisieren. Denn solange diese auf der Streitbühne noch eine Rolle spielen, wird sich jeder Kompromiss schwertun, ihn beizulegen.

Seine dichteste Intensität, gleichsam sein höchstes Niveau, erreicht der Streit auf der persönlichen Ebene. Dort wird er, häufig auf engstem Raum im Zwischenmenschlichen belassen, feindselig und gelegentlich erbarmungslos mit hohen Anteilen emotionaler Energien ausgetragen. Im Binnenraum persönlicher Verhältnisse verlieren soziale Regeln mit ihren ausgleichenden Tendenzen an Kraft. Das Soziale macht sich von Maß und Konventionen frei und entsorgt nebenbei auch noch die Chancen auf Kompromisse. Plötzlich eröffnen sich jenseits von Anstand und Takt Freiräume, die keiner unmittelbaren Kontrolle mehr unterstehen. Der Ton wird rauer. Affekte wie Wut und Hass übernehmen die Regie. Es droht im Streit aus den Fugen zu geraten, was bislang solide in sich ruhte. Die Sicherheit vor den Freiheiten des anderen wird nicht mehr von verbindlichen Normen gewährleistet, sondern hängt vom Wohlverhalten und der Disziplin des Gegenübers ab – beides gleichermaßen riskante Zufluchtsorte.

Der soziale Tummelplatz, auf dem Streit und Kompromisse für jeden von uns die bedeutsamste und beständigste Rolle spielen, ist die Ehe in jedweder Form. Das Versprechen der Verbindlichkeit, das wir vor dem Altar leisten, wird zwar unablässig gebrochen, aber es verhindert immerhin die Flucht bei kleinstem Anlass und kann über die Zeiten zu einer intensiven, anhaltenden Streitkultur in einer Ehe führen, während bei ungebundenen Bekanntschaften Geduld und Konfliktbereitschaft schnell an ihre Grenzen stoßen.

Die Verbindung auf Dauer zwischen Eltern ist die älteste und ehrwürdigste soziale Einrichtung und eng verbunden mit dem eigentlichen Geschäft von Lebewesen: dem des Fortbestands ihrer Art. Sie ist die soziale Ergänzung zur Libido. Ihr Gefüge aus Verbindlichkeit, Aufgabenteilung und Kompromissbereitschaft ist über die Zeiten und die unterschiedlichsten Gesellschaftsformen hinweg konstant geblieben. Trotz ihres zerbrechlichen Äußeren hat sie sich im mächtigen Mahlstrom der Geschichte gut behaupten können. Sie wurde dabei von Beginn an wegen ihrer überragenden Bedeutung für den Fortbestand jeder Gesellschaft von Traditionen, Religionen und Kultur unterstützt. Bei Matthäus 19,5 – 6 etwa, heißt es:»Was Gott zusammengefügt hat, das soll der Mensch nicht scheiden«, und im siebten Gebot als höchste Form der göttlichen Vorgabe:»Du sollst nicht ehebrechen.«

In der Moderne ist die Ehe zwar nicht unter die Räder gekommen, aber sie hat Federn lassen müssen. Eine Reihe bislang zuverlässiger Wegbegleiter schwächelt: Traditionen müssen sich generell des Verdachts erwehren, gegen den heiligen Gral der Moderne, den Fortschritt, zu sein, Trotzdem ist die Ehe durchgängig die wichtigste Form der sozialen Gesellung geblieben. Sie hat zwar Ballast über Bord gehen lassen und neue Elemente aufgenommen, ist jedoch weiterhin derjenige soziale Ort, an dem die Zukunft der Gattung gesichert wird. In ihrem Rahmen wird weiterhin die Mehrzahl der täglichen Kompromisse geschlossen, aus denen ein Leben notwendig besteht.

Die Situation ist seit der Erfindung des Glücksanspruchs an die Ehe nicht einfacher geworden. Zum einen hat jede Person eigene Vorstellungen von Glück. Und zum anderen handelt es sich um ein äußerst flüchtiges, dünnhäutiges Gefühl, dessen hervorragendste Eigenschaft seine Unberechenbarkeit ist. Damit ist die Ehe – ohnehin traditioneller Unterstützung beraubt – mit zusätzlichen Ansprüchen belastet und geschwächt worden.

Wem es trotzdem gelingt, auf der Grundlage von Streit und Kompromissen, Zwietracht und Friedfertigkeit eine Beziehung auf Dauer zu führen, darf sich angekommen fühlen. Wer sich indes nicht zanken mag, sollte die Finger von der Ehe lassen.

»O ja, wir streiten seit über vierzig Jahren ständig über alles«, verkündete gut gelaunt ein älteres Ehepaar im Rahmen einer Talkshow. »Und ich habe immer recht«, ergänzte der Gatte und fügt auf der Suche nach einem schnellen Lacher, dem Zweck jeder Talkshow, hinzu: »Krieg ich aber nie!« Was selbstredend ironisch, in feiner Distanz zur Realität gemeint war. »Im Ehestand muss man sich manchmal streiten«, nur so »erfährt man was voneinander«, heißt es in den *Wahlverwandtschaften*[20]. Ohne Streit ist keine Beziehung auf Dauer zu haben. Er löst zwar selten die Probleme, aber im Unfrieden kommen sie – als Voraussetzung der Beschäftigung mit ihnen – auf den Küchentisch. Zu ihrer Aufarbeitung sollte dann der Kompromiss hinzugezogen werden. Er ist in der Lage, die aufgebrachten Gemüter zu besänftigen, um die Beziehung nach erfolgreicher Vermittlung weiter in die stets unsichere Zukunft zu entlassen.

Das ist der Augenblick, an dem Eheberater auf die Bühne gebeten werden, um zu retten, was zu retten ist. Wobei heute zu viel »gerettet« und »ausgeglichen« wird. Man zähmt den Streit, leitet ihn in die Kanäle des Gleichmuts, dem stets ein Moment von Eintönigkeit eigen ist, und stellt ihn dort ruhig. Man sollte ihn vermutlich häufiger wüten lassen, selbst wenn Geschirr zu Bruch geht. Er liegt in der Natur, und der ist auf Dauer nicht Herr zu werden.

Das Geflecht von Wirkung und Ursache bleibt im Alltag häufig undurchschaubar und unbewusst. Eine gemeinsame Nachverfolgung der Gründe einer kompromissbedürftigen Entzweiung ist mit solider Eindeutigkeit selten zu haben, denn in die Aufarbeitung zurückliegender Ereignisse gehen unvermeidlich persönliche Interessen ein, die ihrerseits zu neuerlichem Zank führen können, der häufig heftiger ausfällt als der ursprüngliche.

Kluge Beziehungen pflegen neben anderem eine Kultur der Stille. Plaudern kann jeder. Im Schweigen jedoch und einer klugen Dosierung der Mitteilsamkeit liegt eines der Geheimnisse guter Verbindungen. Die Rede ist nicht von Maulfaulheit, sondern dem zurückhaltenden Umgang mit Themen wie Vorleben, Wesensart oder Veranlagung, zu denen es zwischen den Partnern schwerlich tragfähige Übereinkünfte geben kann. Eingespielte Lebensgefährten kennen die Grenzen der Beredsamkeit, jenseits derer ihre Gemeinschaft in Gefahr gerät. Sie werden im Laufe der Jahre die bedrohlichen Fragen aus dem Katalog ihrer Gesprächsstoffe entfernen.

Die Auslagerung von Themen in ein gemeinsames Beschweigen folgt indes nicht den Regeln von Kompromissen, sondern meist ohne Absprache durch ein kommentarloses Einverständnis, die beste Voraussetzung für Abmachungen dieser Art. Heute drohen Zurückhaltungen, in denen man ehedem hoffen durfte, sicher aufgehoben zu sein, dem Dauergeräusch moderner Redseligkeit zum Opfer zu fallen. »Alles muss auf den Tisch«, heißt es nun, während es einst die Regel war: »Das meiste muss unter den Teppich.« Lebensgemeinschaften alter Art drehten sich um die Triade Schweigen, Reden, Plaudern. Wobei Reden die Ausnahme war und den wichtigen Themen vorbehalten blieb. »Ich rede mit dir!«, hieß es streng, wenn ein wichtiger Punkt auf der Tagesordnung stand.

Die alte Beziehungskultur des wortlosen Gleichmuts und der klugen Zurückhaltung hat ausgedient. Wir sind auf der Suche nach Verbindungen, denen es gelingt, Reden und Schweigen unter einen Hut zu bringen, ohne in die Falle endloser Kompromisssuche zu geraten.

Im Gegensatz zur spontanen Streiterei, die flüchtig ist und ohne Tiefenwirkung bleibt, will ein Streit gelegentlich rücksichtslos ausgetragen sein. Nach dem Ende häufig ruppiger und anstrengender Auseinandersetzungen übernimmt im günstigen Fall die hinreißende Schwester des Streits, die Versöhnung, das Beziehungsregime. Sie ist die Belohnung für alle Opfer, die vorausgegangene Fehden von den Beteiligten gefordert haben, und gehört zu den kostbarsten Fundstücken in der Beziehungslandschaft zwischen zwei Menschen. Freilich, ohne den Streit ist sie nicht zu haben. Die beiden bedingen sich gegenseitig. Wer von den süßen Früchten der Versöhnung naschen will, wird nicht umhinkönnen, das karstige Tal des Streits zu durchqueren. Psychologischen Untersuchungen zufolge gilt: Je intensiver der Streit, desto beglückender die Versöhnung. Wobei die Libido eine bedeutsame Rolle zu spielen scheint.

Eine Episode der amerikanischen TV-Serie *Seinfeld* beschäftigt sich ausgiebig mit »Make-up-Sex« – Versöhnungssex nach intensivem Händel, offensichtlich die höchste Form körperlicher Nähe, die alle anderen Anlässe übertrifft und ein guter Grund ist, in freudigem Vorgriff überhaupt zu streiten. Die Vermutung liegt nahe, dass nicht wenige von uns durch das aufgebrachte Geschäft der Versöhnung gezeugt wurden. Während dieser Form der Belohnung naturgemäß keine Dauer beschieden sein kann, vermag eine gütliche Einigung oder bewusste Aufarbeitung eine Beziehung auf neue Füße zu stellen, denn jeder Kompromiss ist mit seinen Zutaten Verzicht, Zugewinn und neue Regeln für die Betroffenen auch Neuland.

Paare, die Phasen intensiver Streitereien hinter sich haben, erinnern sich häufig mit spürbarer Sehnsucht an die rüden Zeiten, in denen »Ziertassen zu Bruch gingen« und das Friedensgebinde zerschmettert in der Mülltonne landete. »Wir waren uns selten in diesen Zeiten größter Distanz so nah wie damals. Rückblickend würde ich sagen, dass wir erst in diesen heftigen Auseinandersetzungen unsere Beziehung, die bereits fünf Jahre hinter sich hatte, in den Griff bekommen haben. Seither läuft's.« Um was es denn ging?
»Keine Ahnung mehr. Ist auch besser so!«

»Mit wem wirst du jetzt streiten?«, wollte in ungewohnt sanfter Tonlage meine Großmutter von ihrem Mann wissen, als sie die Augen schloss. Die beiden hatten Seit' an Seit' über fünf Jahrzehnte keine Gelegenheit ausgelassen, übereinander herzufallen. Alle Versuche einer vielköpfigen Familie, zwischen ihnen zu vermitteln, waren gescheitert, denn die dem Kompromiss eigene Friedfertigkeit blieb ihnen bis zum letzten Atemzug eine verdächtige Zumutung. Es dauerte einige Zeit, bis die Verwandtschaft begriffen hatte, dass die Auseinandersetzungen zwischen den beiden die höchste Form der Nähe und des Glücks für sie waren. Eine Beziehung kann entweder im Meer der Gleichgültigkeit untergehen oder im Feuer heftiger Streitereien enden. Auf dem schmalen Pfad zwischen Empörung und Hader, Zuneigung und Geborgenheit bewegt sich jede Beziehung, die auf Dauer gestellt sein will.

Im Streit darf es wütend, laut und empört zugehen. Das hilft, die Emotionen zu neutralisieren, die den meisten Streitthemen beigemischt sind, und bereitet den Boden für den bedeutendsten Ertrag jeder Auseinandersetzung: den Kompromiss. Jeder Streit kostet und hinterlässt Spuren. Unmittelbar fällt ihm der Augenblick zum Opfer. Hoffnungen können endgültig in die Brüche gehen. Er gibt unbeabsichtigt den Blick auf eigene hässliche Eigenschaften wie solche des Gegenübers frei. Erfolgreich beschwiegene Themen werden wieder freigesetzt. Die unvermeidlichen Verletzungen lassen sich häufig kaum mehr einfangen und beginnen, auf lange Zeit zu wirken und neuerliche, heftige Auseinandersetzungen zu ganz anderen Themen nach sich zu ziehen.

Gleichzeitig jedoch vermag der Streit eben doch, Wege in die Zukunft zu öffnen. Jetzt beginnt die hohe Zeit der Kompromisse. Verborgene Schwächen wie deren Gegenteil werden sichtbar und können in das gemeinsame Leben eingearbeitet werden. Aufgelaufene Spannungen verflüchtigen sich. Enttäuschungen und Verletzungen finden einen Anlass und eine Bühne zur Darstellung. Jede beigelegte Auseinandersetzung ist ein Sieg der

Beteiligten über die Vergänglichkeit und bezeugt aufs Neue die Haltbarkeit und Bedeutung der Beziehung.

Nach dem Streit ist vor dem Streit. Jeder Streit hat seine besondere Bedeutsamkeit im Rahmen einer Beziehung. Nicht jeder bedarf einer Nachlese. Auseinandersetzungen über die Fernsehprogrammwahl, Haarfarbe oder die Anschaffung von Wohnzimmerstühlen klingen nach ihrer Beendigung meist spurlos ab. Die Beteiligten selbst wissen am besten, welche Kontroversen tiefere Spuren hinterlassen und sie zwingen, die Ursachen ihrer Differenzen aufzuarbeiten.

Dieser Prozess und die Einarbeitung der Ergebnisse in eine gemeinsame Zukunft zählen zu den kostbarsten und anspruchsvollsten Beziehungskünsten. Nicht der Streit, sondern dessen erfolgreiche Nachbearbeitung in Form eines Kompromisses sind das Geheimnis einer glücklichen Beziehung. Als vertrauter Teil unserer Verkehrsformen begründet und schafft ein Streit ergiebige Gesprächsstoffe. Meist bringen ihn Frauen in den stetigen sozialen Tumult ein. Ein Kompromiss taugt meist nicht dazu, zum Thema zu werden. Der vorausgegangene Streit hingegen ist dazu wunderbar geeignet.

Männer tun sich schwer mit diesen Themen. In der Streitberichterstattung kommt notgedrungen Fatales und Intimes zur Sprache, deren Erörterung selbst im begrenzten Raum einer Zweierbeziehung altgedienten Männerbildern zuwiderläuft.

Ehepartner brauchen die Bereitschaft zur Auseinandersetzung und in der Folge den Kompromiss wie die Luft zum Atmen. Jede Ehe bleibt ein ständiges Bemühen um den Neuerwerb und den Erhalt von Gemeinsamkeiten, die zwar zu Beginn gesetzt schienen, später aber immer wieder aufs Neue errungen sein wollen.

Dazu bedarf es der Auseinandersetzung. Wer beginnt, der »Debatten müde zu werden«, und sich daraufhin erschöpft zurückzieht, wird eine Ehe nicht retten, sondern gefährden. Dann übernehmen behagliche Gleichgültigkeit und in ihrem Gefolge eine kalte Indifferenz unaufhaltsam den Ehealltag. Bis sich die beiden einst glücklich Vermählten gemeinsam in betäubter Nähe wiederfinden. Sie mögen zu zweit hausen und sich ewige Verbundenheit geschworen haben, aber sie leben fortan in einer banalen Situation, die am Ende spurlos geblieben sein wird. Erst der Streit als ständige Suche nach den Rechten, Pflichten und Freiheiten in einer Beziehung verleiht dieser Bedeutung und – obzwar unsicher und stets gefährdet – die nötige Aus-Dauer. Der Streit macht aus Flitterwochen eine Ehe und aus Umgang eine Bindung.

»Wir haben uns bis zum letzten Atemzug gestritten«, berichtet Tante Gunnar, als Onkel Hannes aus der badischen Verwandtschaft schließlich einem zähen Krebs erlegen war. »Zuletzt ging es noch über die Frage, ob er mit Pantoffeln oder in seinen geliebten Turnschuhen von mir gehen wollte. Was soll der Herrgott denken? Aber ich möchte keine Auseinandersetzung missen. Gott, waren die anstrengend! Weil er als Mann aus einer anderen Epoche überzeugt war, immer recht zu haben. Trotzdem war es eine herrliche Zeit, denn die Zerwürfnisse und die unvermeidliche Aussöhnung haben dafür gesorgt, dass unsere Ehe nie zum Stillstand kam«, schloss sie und bezeugte, dass die beiden ein wesentliches Lebensgeheimnis begriffen hatten.

Eine Ehe ohne Streit bleibt seelenlose Beziehung und so aufregend wie eine Dosenöffner-Gebrauchsanweisung. Recht besehen, ist sie ein Ding der Unmöglichkeit, denn sie setzt Partner voraus, die deckungsgleich in ihren Bedürfnissen und Eigenarten sind. Vor denen hat uns die Natur bislang verschont.

Die Suche nach Kompromissen auf der persönlichen Ebene braucht ebenso kommunikatives Handwerkszeug wie die zwischen Diplomaten oder die bei Lohnverhandlungen. Dort haben sich über die Zeit komplexe Strategien der Annäherung und Einigung entwickelt, die Erfahrung und gelegentlich ein eigenes Studium erfordern. Auf der persönlichen Ebene geht es hingegen zwangloser zu. Dort sind Amateure bemüht, der stets ungebärdigen Materie Herr zu werden.

An gutem Rat aus sozialem Umfeld mangelt es dabei selten, im Gegenteil: Ratschläge zu anderer Leute Beziehungsproblemen werden ständig ungefragt – und meist völlig unbrauchbar – gegeben. So tüftelt jeder in Heimarbeit an Winkelzügen und Finten, um der nächsten Herausforderung, die nicht lange auf sich warten lassen wird, gewachsen zu sein.

Einmal ins Reden gekommen, sind der Geschichten kein Ende. »Mein Mann setzt eine besonders hinterhältige Waffe während unserer Auseinandersetzungen ein. Statt widerlegbarer Argumente beschränkt er sich im Verlauf unserer oft lautstarken Streitereien auf kurz Seufzer.«

»Kurze Seufzer?«

»Ja, ein trübsinniges ›Ach je …‹ oder ein bedrohliches ›Nun denn‹ oder wahlweise ein verzweifeltes ›O Mann‹, so als ob er weitreichende Pläne im Kopf wälzt, an denen ich vorläufig nicht teilhaben soll. Das klingt zwar platt, ist aber vergifteter Sound, weil man nicht ahnt, um was es geht, und plötzlich das Gefühl hat, Unrechtes zu tun und die Beziehung zu gefährden.«

»Das ist der Zweck!«

»Zudem hantiert er ständig mit abfälligen Handbewegungen, die er locker aus dem Handgelenk im Raum verteilt. Ab und zu versucht er auch mit autoritärem Tonfall Geländegewinn zu erzielen, aber dann wirkt er lächerlich.«

»Und selbst? Ruhige Stimme, Zuhören und nachvollziehbare Argumente?«

»Wo denkst du hin. Das Gegenteil: Lautstärke in Hochtonlage, ständiger Einspruch, und es wird ins Gefecht geworfen, was mir gerade in den Kopf kommt.«

»Wie geht's aus?«

»Meistens in Erschöpfung.«

»Bleiben Rückstände?«

»Manchmal hat man das Gefühl, jetzt geht's zu weit! Dann bleibt was zurück, ein Wort oder ein Tonfall. Dann bröckelt's, aber es bröckelt sowieso ständig.«

Klara und Paul von gegenüber haben eine Geste der amerikanischen Basketballriesen für sich entdeckt.

»Wenn wir nicht weiterkommen und die Situation außer Kontrolle zu geraten droht, was häufig der Fall ist, sagt einer ›Peace‹, und der andere klatscht ab. Dann herrscht verbindlich Waffenstillstand, und das Thema ruht erst mal.«

»Und dann?«

»Könnte es natürlich ruppig weitergehen, aber der Erfahrung nach erledigen sich viele Probleme im Laufe der Zeit ganz unauffällig von selbst.«

»Es ist nur eine Geste«, erläutert Klara, »die noch kein Nachgeben bedeutet, deswegen fällt sie leichter, und den Rest nehmen uns der Wunsch nach Ruhe und bestenfalls das Vergessen ab.«

»Klar, damit ist keine Schwierigkeit gelöst, aber der Augenblick ist gerettet, und das Leben besteht ohnehin nur aus Augenblicken«, fügt Paul hinzu – eine zweifelhafte These zwar, aber offensichtlich hilfreich.

Ein Freund, der an einer westdeutschen Universität Logik lehrt, hat seine Lebensgefährtin davon überzeugen können, dass wir aufgrund des »infiniten Regresses«, des Rückschreitens ins Unendliche, nie in der Lage sind, unsere Standpunkte mit hinreichender Verlässlichkeit zu begründen. Seither würfeln sie bei Auseinandersetzungen aus, wer recht haben soll. »Unsere Konfliktintensität hat das um 40 Prozent verringert«, begründet er nicht ohne Stolz die seltsame Maßnahme.

»Es ist schon erstaunlich, was da manchmal über uns und zwischen uns kommt«, gesteht ratlos eine alte Freundin, »und wir sind doch friedliche Leutchen. Uns ist schließlich keine andere Wahl geblieben, als in bestimmten Situationen gemeinsam die Wohnung zu verlassen, um uns vor der Haustür schweigend für einige Zeit zu trennen. Einer geht dann rechts die Straße hinunter, der andere nach links.«

»Ihr rettet euch vor euch selbst.«

»Genau!«

»Habt ihr es mit gemeinsamen Spaziergängen versucht?«

Sie winkt ab. »Noch schlimmer! Brüllen auf der Straße, vor den Nachbarn. Nebenbei: Meinem Mann ist dieser Abschied auf Zeit ganz recht. Er nimmt gerne Reißaus, wenn es ihm unbequem wird. Aber das gilt wohl, erzählt man sich, für die meisten Männer.«

»Das Problem ist«, gesteht eine andere bekümmert, »wir haben beide immer recht. Nein, im Ernst!« Sie haben sich auf meine Anregung hin auf den »VTK«, den »Verbotenen Themen-Katalog« geeinigt. Hinweis und Begriff verdanke ich dem amerikanischen Psychologen Dr. J. Alberts, der deswegen hier genannt werden soll. Es handelt sich bei dieser Liste um Themen, die nach meist stiller Übereinkunft zunächst nicht mehr auf der Tagesordnung von Auseinandersetzungen stehen sollen, obgleich sie genau dorthin gehören: Körperkälte und Seitensprünge, Maulfaulheit und Desinteresse. Der Streit wird auf spätere Wiedervorlage »beiseitegelegt«. Man kann damit auf Zeit durchkommen, wenngleich die stillgelegten Probleme als ständiges Gefühl von Verlust und Geringschätzung präsent bleiben. Gelegentlich werden sie sich ohne erkennbaren Anlass als wilde Ausbrüche aus heiterem Himmel zu Wort melden.

Dies ist die Stunde der Amateurpsychologen, einer der übelsten Auswüchse der Mitmenschlichkeit. Einem Gerücht zufolge soll guter Rat »teuer« sein. Das Gegenteil ist der Fall. Nichts geben Bekannte und Verwandte großzügiger her als ihn. Er kostet sie nichts, ihnen wird zugehört, man hat sich zu bedanken, und später dürfen sie in kritischer Tonlage nachfragen, was denn aus ihren Bemühungen geworden sei. Wenn der »andere« tatsächlich ein Vertreter der Hölle ist, wie Sartre vermutet, dann in seiner Rolle als Ratgeber, der mit wichtiger Miene erklärt, wo die Flammen herkommen, und der immer gerne behilflich ist, das Feuer zu löschen. Sie sind so zahlreich wie die Menschen auf dem Planeten und die obligate Begleitung, die sich jedem Streit zwangsläufig dazugesellt. Als Schwarzfahrer im unaufhörlichen Beziehungskarussell sind sie Teil der Gattung und so lästig und ergiebig wie die neugierige Nachbarin.

Kluge Zeitgenossen halten sich mit gutem Rat zurück, beschränken sich auf stilles Zuhören und sparsam kluges Fragen.

»Es ist etwas Seltsames mit diesen Beziehungsfehden. Einerseits gehen sie auf die Knochen und hinterlassen endlos Schäden, auf der anderen Seite meint man, nach Friedensschluss auf dem Beziehungsspielbrett wieder bei ›Los‹ zu stehen, dort, wo alles begann. Herrlich!«, erzählte eine Freundin, die lange Jahre heftiger Auseinandersetzungen hinter sich hatte. »Man spürt plötzlich den frischen Wind von Aufbruch und Abenteuer, während man tatsächlich weiter auf der Stelle steht.« Und sie fuhr fort: »Seit Peter gegangen ist, lebe ich in streitentsorgter Zone. Das ist fad. Ich weiß gar nicht, wie mir die Tage vergehen. Es sollte professionelle Streitkontrahenten geben. Ich würde einen anstellen.« Sie lachte unfroh.

»Die Familie meines Mannes kommt aus Italien«, berichtet Elke von einer originellen Technik, ihre Beziehung im Zaum zu halten. »Er meint, bei Auseinandersetzungen heftig gestikulieren zu müssen, wie das Italiener gewöhnlich tun. Seine Handarbeit kam dabei immer wieder einer Ohrfeige gefährlich nahe. Bis wir beschlossen haben, unsere Hände gemeinsam in den Hosentaschen zu vergraben, wenn seine Gestik droht aus dem Ruder zu laufen.«

»Und wenn du einen Rock anhast?«

»Steck ich beide Daumen in den Gürtel.«

»Das hilft?«

»Absolut, wenn du aufgebracht mit stillgelegten Händen voreinander stehst, ist es mit jeder Empörung bald vorbei.«

»Ruhige Umarmung täte es auch!«

»Richtig, nur müsste einer den ersten Schritt tun.«

Andere entkorken – gegenseitiges Einverständnis vorausgesetzt – eine Flasche. Deren Inhalt baut Spannungen ab und vermag die Beteiligten in eine Stimmung von Nachgiebigkeit und Unernst zu versetzen. Beides vorzügliche Voraussetzungen für eine Einigung. Aber der Einsatz von rotem Wein setzt Erfahrung und vor allem Disziplin im weiteren Verlauf des Abends voraus. Denn aus der heiter gelösten Stimmung kann nach einigen Gläsern Streit entstehen, und die daraus resultierenden Verletzungen können später kaum mehr eingeholt werden. Eine naheliegende Maßnahme, um der Konflikte Herr zu werden, scheint indes nur selten eine Rolle zu spielen: die, in ruhiger Tonlage die Ursachen der Schwierigkeiten zu klären, um sich anschließend gemeinsam auf die Suche nach Kompromissen und Auswegen aus der verfahrenen Situation zu machen. Dazu bedarf es jedoch Bedauern und Nachgiebigkeit, Gelassenheit nicht zu vergessen! Eigenschaften, die meist dann fehlen, wenn sie dringend gebraucht werden.

12 Stürmische Zeiten – Der Kompromiss unter Beschuss

»Danke, dass du uns erlaubt hast, die Globalisten und
Verräter in unserer Regierung zu erledigen.«

Gebet von Jacob (Jake) Angeli Chansley,
dem Mann mit dem Büffelgeweih in der Senatskammer
der Vereinigten Staaten von Amerika

Das linksliberale flämische Nachrichtenmagazin *Knack* wird ihn
später – Trump ist längst abgewählt – zum »Menschen des Jahres« wählen: »... als Symbol des Widerstandes gegen gewählte
Regierungen, Wissenschaft, Journalismus und Vernunft und als
Symptom einer orientierungslos gewordenen westlichen Welt«.
Einen besseren Kandidaten hätten die Redakteure nicht finden
können. Denn in seinem kurzen Stoßgebet benennt der Mann
aus Phoenix, Arizona, akkurat die Pläne derjenigen, die das Mo-
dell der westlichen Demokratie in weltweiten Zangenbewegun-
gen entsorgen wollen. Wir reden nicht nur von China, Russland
oder ordinären Diktaturen, sondern ebenso von demokratisch
gewählten Regierungen, die in einer Art innerem Kannibalismus
gegenwärtig dabei sind, die Voraussetzungen ihrer eigenen Existenz zu zerstören. Innenpolitisch wird der politische Gegner zum

Feind erklärt und außenpolitisch die Globalisierung bekämpft. Im Zentrum dieser Abrisspläne steht als »Kraftwerk jeder Demokratie«: der Kompromiss.

Ein Grund für die Vorherrschaft des Westens war seine Treue zum Kompromiss als politischem und sozialem Ordnungsprinzip. Wenn es gelingt, den guten Ruf, den er seit der Aufklärung genießt, in Misskredit zu bringen und ihn als Ausdruck der Schwäche zu demontieren, sind die Gegner der Demokratie mit ihren Bemühungen ein gutes Stück vorangekommen. Im Laufe der stets rätselhaft turbulenten Geschichte gab es Phasen, in denen der Kompromiss oben auf der Tagesordnung stand, und solche, in denen die Tat zum vorherrschenden Prinzip von Politik und Ökonomie geworden war. Demokratie ist in diesem Zusammenhang der stets gefährdete Versuch, beide im Gleichgewicht zu halten. Wobei kluge Politiker dem Kompromiss den Vorzug geben, wohl wissend, dass die Untertanen Taten sehen wollen.

Aus dieser Einsicht entsteht im Zeitalter der Massenmedien die »Tat als Inszenierung«. Regiert wird zwar mit dem Gestus der Entschlossenheit, aber dahinter verbirgt sich kaum mehr als eine lärmende, ziellose Umtriebigkeit. Der demokratische Entscheidungsprozess verkommt ebenso wie die stets aufwendige Suche nach Kompromissen zur unendlichen Geschichte – und führt schließlich zum Stillstand.

Der Übergang von einer »Kompromissepoche« zur »Tatenzeit« ist fließend. Die Ursachen sind zwar vielfältig, das Ergebnis jedoch stets dasselbe: Nach und nach entsteht ein Unbehagen an der Ereignislosigkeit der Gegenwart. Das mag zwar fernab der Realität sein, aber die gefühlte Wirklichkeit ist häufig überzeugender als die reale.

Man beginnt sich zu langweilen. In den ruhigen Bahnen geborgener Alltäglichkeit entsteht der Verdacht, man würde sein Leben um den Preis der Sicherheit vergeuden. »Da muss doch noch was kommen!« Das Wohlergehen wird fad und als Zumutung empfunden. Die bislang bewährte Einsicht: »Die Tat fordert Opfer, der Kompromiss nur Geduld«, wird entsorgt. An ihre Stelle tritt die Überzeugung, dem eigenen Leben Abenteuer zu schulden, auch um den Preis bewährter Traditionen und sozialer Sicherheiten. Eine diffuse Verdrossenheit, verbunden mit Unlust an der Gegenwart, greift um sich. Der Kompromiss wird zur Bürde, und statt seiner werden Elan und Entschlossenheit herbeigesehnt.

Man muss lange zurückdenken, um auf eine ähnliche Epoche der Friedfertigkeit und des Wohlstands zu stoßen, wie sie hierzulande seit sieben Jahrzehnten herrscht. Gemessen an den Parametern »Frieden, Besitz und Freiheit« ging es den Bewohnern zumindest der westlichen Welt selten besser.

Die Spuren der beiden großen Verwüstungen sind getilgt, die Straßen sicher und die sozialen Unterschiede geringer geworden. Das politische Personal erweist sich – von persönlichen Präferenzen mal abgesehen – durchgängig als tüchtig. Bedrohliche wirtschaftliche Krisen sind ausgeblieben. Man möchte vermuten, dass die Menschheit entschlossen ist, die nächsten Dekaden nach denselben, offenbar bewähren Maßstäben anzugehen. Stattdessen beginnt sich vage ein schwer greifbarer Missmut einzunisten. So als ob der »Herr der Fliegen«[21] persönlich in den Lauf der Dinge eingreift: »Denn alles, was entsteht, ist wert, dass es zugrunde geht.«[22] Man wird unzufrieden, weiß jedoch nicht recht, mit was, die gefährlichste Form des Unbehagens, weil ihr mit Argumenten nicht beizukommen ist. Friedfertigkeit und soziale Erfolge, die doch stets aufs Neue erkämpft und bewahrt sein wollen, gelten als verbraucht und belanglos und keiner Fürsorge mehr wert. Das Interesse an ihrer Erhaltung nimmt ab. Die Kritik an den »Verhältnissen« wird vor den Fakten zum Dauerzustand. »Konsens«, der Herzschlag der Demokratie, wird zum Schimpfwort. Politische Karrieren können mit den Attributen »bedächtig« oder »vernünftig«, die einst hoch im Kurs standen, im Handumdrehen ruiniert sein. Sie passen nicht mehr in eine Zeit, die sich dem Tatendrang verschreibt. Der öffentliche Raum wird unruhig und beginnt erwartungsvoll zu vibrieren. Einstweilen gibt es weder Aufstand noch Aufbegehren, aber böser Dinge dunkler Schein macht sich breit. Die Tat steht bereit, mit unabsehbaren Folgen zur Heldin der Epoche zu werden, während sich der Kompromiss aus dem Geschehen zurückzieht.

Der neue Tatendurst kommt aus den Vereinigten Staaten. Woher sonst, möchte man meinen, denn dort hat seit Menschengedenken fast alles, was weltweit unsere Zivilisation ausmacht, seinen Ursprung: Hula-Hoop, Fließbänder, Sitcoms, Coffee to go, Desktop – von der Musik nicht zu reden. Den Deutschen haben die USA als Sonderleistung und frei Haus noch die Demokratie geschenkt. Im Herzen und Lebensstil sind wir damals zu Amerikanern geworden – bereit, alles, was von dort kommt, unbesehen zu akzeptieren.

In den zurückliegenden zwei Dekaden, lange unbemerkt, ist jedoch im alten Amerika zwischen New York und der Westküste ein wildes Potpourri aus Politikverdrossenheit, Angst vor den Zumutungen der Moderne und religiösem Fundamentalismus entstanden, nach den Maßstäben der europäischen Ideengeschichte eine Mischung aus Nietzsche, Bakunins »Philosophie der Tat«[23], geistigen Wegbereitern des Faschismus und Gehlens konservativer Kulturkritik. Wenngleich wahrscheinlich niemand in Winsburg, Ohio, diese Autoren je in die Hand genommen hat.

Es ist den adretten Vorgärten in den Kleinstädten des mittleren Westens nicht anzusehen, welche rebellische Stimmung sich hinter den stets frisch getünchten Fassaden der Einfamilienhäuser zusammenbraute. Hätte man es wissen können? Wenn man hingeschaut hätte, schon. Aber für die »Fly Overs«, wie die Bewohner zwischen Ost- und Westküste überheblich genannt werden, interessierte sich damals niemand. Die Prime-Time-Moderatoren der großen Fernsehanstalten kannten den Mittleren Westen lediglich aus sechsunddreißigtausend Fuß Höhe von ihren Überflügen zwischen New York und Los Angeles her. Weit unter ihnen leben die Wähler von Donald Trump. Hillary Clinton wird sie als »basket of deplorables«, als Ansammlung von Bedauernswerten, bezeichnen und die Wahl verlieren.

Danach war es höchste Zeit, sich ernsthaft mit ihnen zu beschäftigen. Die Sozialwissenschaftler schwärmten aus und kamen bald mit folgendem Befund zurück: Modernisierungsopfer und Arbeitslose aus den gigantischen Industriebrachen in Pennsylvania seien sie oder Weiße, die fürchteten, zur Minderheit im eigenen Land zu werden. Und schließlich spiele der Fundamentalismus evangelikaler Freikirchen, die in den kleinen Gemeinden häufig noch den Ton angaben, eine bedeutsame Rolle. Freilich, diese und ähnliche Entwicklungen hat es immer wieder gegeben, ohne dass eine Bewegung ähnlichen Ausmaßes und entschlossener Radikalität entstanden wäre. Denn der »Hass auf die Mächtigen in Washington« ist seit den anarchisch ungebundenen Zeiten der frühen Siedler eine »altehrwürdige amerikanische Tradition und Teil der Folklore des Mittleren Westens«, bemerkte der Journalist Arthur Hadley schon früh im 20. Jahrhundert.

Eine große Müdigkeit liegt über dem Land. Seit ihrem Eintritt in den Ersten Weltkrieg vor über einem Jahrhundert sind die Vereinigten Staaten weltweit bemüht auszuhelfen. Einiges ist gelungen, anderes unter ungeheuren Kosten an Kapital und Menschenleben missraten. Die Bürger des Landes wollen nicht mehr. Andere sollen sich in den Dschungeln Asiens, den Wüsten Afrikas oder auf den Weltmeeren um Frieden und Sicherheit kümmern. Der kompromisslose Zorn zwischen den Appalachen im Osten und den Rocky Mountains im Westen ist Ausdruck einer Ermattung, auch wenn sie kriegerisch daherkommt. Sie folgt keinem durchdachten Plan, sondern kommt aus dem Gefühl der Amerikaner, nun sei es genug und an der Zeit, sich um die eigene Sache zu kümmern, denn es gibt viel zu tun. Hundert Jahre weltweiter Einsatz haben ihren Preis. Zu Buche schlagen zu Hause eine verwahrloste Infrastruktur, ein erbärmliches Gesundheitssystem, eine ruinierte Mittelschicht und – nicht zu vergessen – die Opfer der Kriege und ungezählten militärischen Interventionen. Das ist eine stattliche Rechnung.

Soziale Verwerfungen dieses Ausmaßes suchen sich politische Vertretung, die ihrerseits nach Kundschaft Ausschau hält. Die beiden begegnen sich 1978 im tiefen Süden des Landes in einem Flughafenhotel in Atlanta. Vor einer Gruppe von College-Republikanern bewirbt sich nach zwei vergeblichen Anläufen Newt Gingrich erneut um einen Sitz im Kongress. Aus dem einst »liberalen Republikaner« ist unter dem Eindruck seiner Niederlagen ein Vertreter des rechten Flügels der Partei geworden. Hier im tiefen Süden des Landes beginnt jener rätselhafte Prozess, in dessen Verlauf alteingesessene US-Bürger und demokratische, gewählte Politiker versuchen, die Grundlagen der amerikanischen Verfassung, die ihnen über zwei Jahrhunderte guten Dienst getan hat, zu beseitigen.

»Ihr kämpft in einem Krieg, in einem Krieg um die Macht«, erklärt Gingrich damals seinen atemlosen Zuhörern und fährt fort: »Wir brauchen keine weitere Generation von zögerlichen, bedächtigen, vorsichtigen, faden, unbedeutenden Quasiführen.« Das war eine radikale Kampfansage an Washington und darüber hinaus an das politische System des Landes, denn so wurde dort mit einigem Erfolg eine Politik gemacht, die den Kontrahenten immer als Verbündeten auf der Suche nach Übereinkünften begriff. Gingrich war keiner, der Risiken vermied und Opfer scheute. Und er hatte keine Zeit zu verlieren. Er ließ seinen Worten unverzüglich Taten folgen und ergänzte die öffentliche Rhetorik gegenüber dem politischen Gegner durch die Begriffe: »krank«, »verräterisch«, »bizarr«, »erbärmlich«, »betrügerisch«, »korrupt«. Aus Politik wurde »Kriegsführung«.

Nach dem Erdrutschsieg der Republikaner 1994 verordnete er seiner Partei: »Keine Kompromisse!« Aus dem Bemühen, stets komplizierte Probleme, trotz unterschiedlicher Meinungen gemeinsam nach bestem Wissen zu bewältigen, wurde das alttestamentarische, erbarmungslose »Gut gegen Böse«. Wobei nicht mehr der Widerspruch, sondern die Vernichtung des politischen Gegners wesentlicher Teil des Kalküls war.

Nachdem Gingrich 1999 wegen einer außerehelichen Affäre von seinen Ämtern zurücktreten musste, übernahm Tom DeLay, »der Hammer«, das Amt des Mehrheitsführers im US-Kongress. Er war der perfekte Erbschaftsverwalter von Gingrichs Hinterlassenschaft. War dieser der Herold gewesen, so wurde Tom DeLay der Vollstrecker. »Wir arbeiten nicht mit Demokraten zusammen. Es wird nichts von diesem Vereiniger-Trenner-Zeug geben«, beschied er knurrig seinem neu gewählten Präsidenten George W. Bush, der in seinem Wahlkampf versprochen hatte, ein »Vereiniger und kein Trenner«, mithin ein Vertreter des Ausgleichs und der Übereinkunft, zu sein.

Nachdem DeLay in der ersten Dekade des neuen Jahrtausends verschiedentlich wegen Geldwäsche, Verschwörung und Unterschlagung verurteilt worden war, trat er, in der gerechtfertigten Überzeugung, ganze Arbeit geleistet zu haben, in die hinteren Reihen zurück. Aus der konsensorientierten, politischen Kultur, die seinem Land über zweihundert Jahre gut gedient hatte, blieb bis auf wehmütige Erinnerungen nicht viel übrig. Das Terrain war bereitet für einen Politiker, der die Leitplanken der zurückliegenden Politikdekaden – Globalisierung, Konsens und Kompromiss – zugunsten von Nationalismus und Neoliberalismus beiseiteschaffen und den politischen Gegner fürderhin als politischen Feind, den es mit »allen Mitteln« zu bekämpfen galt, begreifen sollte.

Vater und Sohn Bush, die damals zur Verfügung standen, taugten nicht für dieses Projekt. Der Stammbaum der Familie reicht zurück bis zu den Pilgervätern von der Mayflower, sie sind Teil der kultivierten Oberschicht Neuenglands. Politiker aus diesem Milieu wissen um die Zerbrechlichkeit des sozialen Zusammenhalts, zumal unter einer Wirtschaftsordnung, die soziales Engagement nur als private Zuwendung oder Almosen kennt. Sie vertraten eine solide, protestantische Verantwortungsethik, die all jene Unwägbarkeiten einschloss, die jeder Ethik nun einmal eigen sind. Ihre Politik folgte wie seit jeher dem Primat des Kompromisses.

Gleichzeitig drängte die neue Kraft aus dem Mittleren Westen kompromisslos und mit Macht in die praktische Politik und suchte einen, der die bislang unentdeckten Chancen der Bewegung erkannte, und einen Zweiten, diese wirkungsvoll in der Öffentlichkeit zu vertreten. Im Jahr 2016 war es so weit. Das Land befand sich vor Wahlen, bei denen sich zum ersten Mal in der US-amerikanischen Geschichte eine Frau mit guten Erfolgsaussichten um die Präsidentschaft bewarb, während die republikanischen Bemühungen, belastet mit einem Kandidaten, der aus seinem Narzissmus und seiner Ahnungslosigkeit kein Geheimnis machte, aussichtslos zu scheitern drohten. Viele Republikaner hatten das Interesse an ihrem Wappentier, dem Elefanten, und den bunten Fähnchen verloren und sich zurückgezogen. Der Wahlkampf-Zirkus, um den sich niemand mehr kümmern mochte, dümpelte herrenlos vor sich hin, bis sich Steve Bannon, der eine ruppige Karriere in unterschiedlichen Medien hinter sich hatte, seiner annahm.

Bannon, ein politisches Genie, beherrscht von abgrundtiefem Zynismus und kalter Menschenverachtung, erkannte eine Chance, wenn sie sich ihm bot. Jetzt bot sich die Gelegenheit, eine ratlose Partei nebst ihrem Personal und einer ausgereiften Kommunikationstechnik zu übernehmen. Umgehend bemächtigte er sich des verwaisten Wahlkampfs und verkündete: »Es sind dunkle Tage nötig, ehe wir den blauen Morgenhimmel über Amerika zurückbekommen.« Und er fuhr fort: »Wir brauchen massives Leid. Wer behauptet, dass wir kein Leid brauchen, macht Ihnen etwas vor.« Das ist der Ton der 1930er-Jahre, als die europäischen Staaten den Faschismus entdeckten und begannen, ihre Demokratien zu entsorgen. Bannons genialster Schachzug sollte jedoch die Erkenntnis sein, dass sein zukünftiger Kandidat nicht das Problem, sondern dessen Lösung war: Donald Trump nämlich, ein reicher Immobilienunternehmer von der Ostküste. In New York galt er zwar als frivole Witzfigur mit verdächtigen Einnahmequellen, aber genau deswegen eignete er sich vorzüglich als Gegenkandidat zu den verhassten Washingtoner Eliten. Seine Auftritte waren eine radikale Absage an seriöse Politik und jegliches Stilgefühl.

»Donald braucht zwei Limousinen, eine für sich und eine zweite für seine Haare«, erklärte Nikki Haley, die spätere UN-Botschafterin nach einem Date mit dem zukünftigen Präsidenten.

Die alten Familien der Stadt am Hudson River hatten ihn, trotz des goldenen Trump Tower Ecke 57th und 5th Avenue, nie als einen der Ihren akzeptiert. Die Türen ihrer Wochenendvillen in den Hamptons mit ihren tiefen, seewärts ausgerichteten Terrassen waren ihm verschlossen geblieben. Vorstellbar, dass er sich zur Kandidatur in der Hoffnung entschlossen hatte, als Präsident des Landes doch noch zu den leichten, eleganten Weekend-Partys am Long Island Sound eingeladen zu werden. Umgehend passte Trump sich der hitzigen Tonlage seines neuen Mentors an und erklärte: »Wissen Sie, was die Lösung ist? Wenn die Wirtschaft zusammenbricht, wenn das Land zur Hölle fährt und alles Chaos ist. Dann kommt ein Aufstand!«

Wenn es etwas an Trump zu bewundern gibt, dann den Mut, das Amt, trotz des Mangels jeglicher Eignung anzustreben. Als Star einer TV-Realityshow hätte er wissen müssen, mit welch unerbittlicher Angriffslust sich die neuen Medien um politische Amtsinhaber kümmern. Es hat ihn nicht von seinen Plänen abgehalten.

Solch einen Kandidaten hat es in der langen Reihe amerikanischer Präsidenten noch nie gegeben, mit Ausnahme vielleicht von Ulysses S. Grant, einem Trinker, der mit seiner Wahl als 18. Präsident des Landes jedes Interesse an seinem Amt und dessen Anforderungen verlor und sich stattdessen erfolgreich um seine persönliche Bereicherung kümmerte. Seit dessen Abschied aus dem Weißen Haus 1877 wird er regelmäßig von Fachhistorikern als schlechtester Präsident aller Zeiten gekürt. Mit ihm wird Donald Trump um diese Auszeichnung aneinandergeraten müssen. Immerhin gestand Woodrow Wilson, der einige Jahre später überaus erfolgreich ins Amt kam, Grant zu, »er wusste, er war gescheitert«. Das ist bedeutend mehr, als man bislang von Trump zu sagen weiß. Trump und Bannon machten sich umgehend ans Werk, mithilfe demokratischer Tugenden wie Meinungsfreiheit, Wahlrecht und Medienvielfalt diese wieder abzuschaffen.

Sie überrollten die Vereinigten Staaten mit einem Wahlkampf, wie er schmutziger und unbarmherziger noch nie erdacht worden war. Und die Latte liegt in den USA niedriger als sonst wo auf der Welt. Die Neubelebung des republikanischen Wahlkampfs zu diesem Zeitpunkt war eine Meisterleistung moderner politischer Strategie und eine offene Kriegserklärung an die zivilisatorischen Voraussetzungen demokratischer Kultur. Fairness, Offenheit und Realitätsbezug wurden hemmungslos zur Seite geräumt und durch Lügen, Rufschädigung und Unterstellungen ersetzt. In der Wortwahl brachen alle Dämme. Man bediente sich der Gosse, um den politischen Rivalen zu verhöhnen und zu demütigen. Aus Gegnern in der Sache wurden Feinde, Betrüger, Lumpen und Verräter.

Eine Verfassung, selbst wenn sie vor 350 Jahren beschlossen wurde, bleibt »Arbeit in Permanenz«. Sie gibt den Rahmen vor, innerhalb dessen sich aktuelle Vorhaben, Gesetze und Vorschriften als Reaktionen auf neue Umstände bewegen dürfen. Die amerikanische Verfassung von 1776 ist ziemlich unbeschadet durch eine häufig turbulente Geschichte gekommen, begleitet und erfolgreich beschützt von ihrem »Geist«, der einer Verfassung häufig mehr Kraft und Beständigkeit geben kann als der einst niedergelegte Text.

Die beiden hatten es auf diesen »Geist«, auf Toleranz, Meinungs-vielfalt und den Kompromiss nebst seinen notwendigen Voraus-setzungen abgesehen, als sie zum entscheidenden Fernsehduell mit Hillary Clinton zogen.

»Lass dich unter keinen Umständen auf Details ein«, befahl Bannon dem zukünftigen Präsidenten der USA, ein Ratschlag, der auf dankbare Ohren stieß, denn Trump hatte ohnehin keine Detailkenntnisse. Und weiter: »Du musst die Clinton ständig unterbrechen, lass sie nie ausreden und wiederhole deine Botschaft, ›America First‹, wann immer sich die Gelegenheit dazu ergibt, besser noch öfter!« Schließlich fügte er hinzu: »Bleib ihr körperlich auf den Fersen, hinter ihr, vor ihr, neben ihr.«

Genau so wurde es gegen alle Regeln abendländischer Anstands- und Debattenkultur gemacht. Wenige Jahre zuvor noch wäre Trump nach seinem Auftritt von der Bühne gejagt worden. Aber die Zeiten hatten sich geändert.

Das detaillierte Argument langweilte, während eindeutiger Unfug und brutale Tabubrüche überzeugen konnten. Jetzt galt: Stil ist Schwäche. Lautstärke verspricht Tatkraft.

Die Wähler fanden Gefallen an der bizarren Inszenierung, was den eigentlichen Skandal dieses Abends ausmacht. Trump durfte selbstredend dämlich sein und Bannon böse. Das blieb durch die Freiheitsrechte gedeckt. Ihr Auftritt hätte eine gelegentlich unterhaltsame, meist aberwitzige Episode bleiben sollen, statt-dessen kündigte er einen Zivilisationsbruch an.

Gewählt wird in den Vereinigten Staaten alles und jeder: Sheriffs, Bürgermeister, Schulräte, Krankenhauschefs und unzählige Ämter mehr werden über Stimmzettel vergeben. Der amerikanische Wähler war bislang pragmatisch, ideologieresistent und demokratieerfahren wie wenige weltweit. Was nicht ausschloss, dass es gelegentlich hemdsärmelig zuging. Mark Twain hat die oft raue Gangart amerikanischer Politik in einer ebenso rauen Kurzgeschichte »Zeitungswesen in Tennessee« beschrieben und einiges von dem vorweggenommen, was heute Realität zu werden droht. »Die Lügenmäuler vom Erdbeben sind offenbar beflissen, dem edlen Volk abermals eine ihrer niederträchtigen Unwahrheiten aufzubinden«, heißt es da in kühnem Vorgriff auf zukünftige mediale Umgangsformen und weiter: »Wir hören, dass der blödsinnige Schurke vom Morgengeheul in Mud Spring mit seiner gewohnten Fertigkeit Lügen verbreitet ... Die Presse hat den heiligen Beruf, der Wahrheit zu dienen ... aber dieser schändliche Halunke entwürdigt sein Amt, indem er Lügen, Verleumdungen und Gemeinheiten umherstreut.«[24]

Der politische Kontrahent war in Washington, wie anderswo auch, stets »Gegner« gewesen, aber er wurde nicht zum Feind erklärt. Schließlich wollte man nach dem Urnengang wieder im politischen Alltag miteinander auskommen. Aus welchen Überlegungen die Amerikaner die bewährten demokratischen Tugenden, die sie sicher durch Jahrhunderte geführt hatten, ungerührt zur Seite legten und Trump machen ließen, ist immer noch Gegenstand unschlüssiger Debatten.

Wer hoffte, die unerhörten Auswüchse im Sommer 2016 seien die bedauerlichen Exzesse eines aus dem Ruder gelaufenen Wahlkampfes gewesen, sah sich bald eines Besseren belehrt. Mit der Amtseinführung wurde realpolitisch in die Tat umgesetzt, was bislang Wahlkampfstrategie und vorläufig ohne unmittelbare Auswirkung gewesen war. Schließlich bedurfte es noch eines

Schlachtrufs, der von überzeugender Eindeutigkeit unmittelbar einsichtig war. Die Wahl fiel auf: »America First«.

Die bedrohliche Kampfansage, denn als solche war sie gemeint, begleitet die Vereinigten Staaten von Beginn an. Bereits George Washington forderte die Wirtschaft auf, international auszugreifen, warnte aber in seiner Abschiedsrede 1796 vor »politischen Bindungen« und forderte die neue Nation auf, einstweilen innerhalb der eigenen Grenzen für Ordnung zu sorgen. Später verlor der Isolationismus an Bedeutung und spielte erst vor dem Kriegseintritt der USA 1915 vorübergehend wieder eine Rolle. In der Zwischenkriegszeit lag sein Schicksal auf den Schultern eines Mannes: denen von Charles Lindbergh, der als begeisterter Hitler-Anhänger versuchte, sein Land neutral zu halten. Der Diktator selbst schaffte schließlich Klarheit, indem er selbst nach Pearl Harbor den Vereinigten Staaten den Krieg erklärte. Nach Ende des Zweiten Weltkriegs geriet der Isolationismus völlig in Vergessenheit.

Die Wiederentdeckung von »America First« über ein halbes Jahrhundert später als »neue Vision« war ein genialer Schachzug der frisch ins Amt gewählten Trump-Regierung. »Wir kümmern uns zuerst um unser Land, bevor wir uns um irgendein anderes Sorgen machen«, erklärte Trump unmissverständlich bei seiner Amtseinführung am 20. Januar 2017. Der neue Präsident hatte begriffen, dass die Nation internationaler Engagements müde geworden war. Zusätzlich befeuerte Trump die bewährte alte »amerikanische Wut« auf den Staat und »die in Washington«, die sich seit den Pilgervätern als Grundmelodie amerikanischer Innenpolitik erhalten hat. Die betagten Fundstücke aus den Kinderjahren der USA sind nach einem Jahrhundert internationaler Konsenskultur auch eine Kampfansage an den Kompromiss als das wichtigste Werkzeug bei der Suche nach Übereinkünften.

Die Anhänger Trumps lehnen die Globalisierung und die damit verbundenen internationalen Übereinkünfte und Verpflichtungen ab. Sie verzichten auf die Allgemeingültigkeit der Menschenrechte als Grundlage von Politik, was ihren Umgang mit Diktaturen geschmeidiger macht. Die Welt ist ihnen eine Ansammlung von Einzelstaaten, die um Ressourcen konkurrieren. Die Idee einer Weltgemeinschaft, die in schwierigen Zeiten gemeinsam die Herausforderungen des Klimawandels, der Armut und Migration angehen, lehnen sie, wie die Probleme selbst, ab. Folglich besteht nach ihrer Sicht der Dinge auch keine Notwendigkeit für weltweite gemeinsame Aktionen. Im Gegenteil: Jeder Vertrag und jeder Kompromiss schränkt die eigene Handlungsfähigkeit ein und führt zur Abhängigkeit von fremden Interessen.

Trump versprach seinen Wählern aus dem Mittleren Westen, den Vorstädten und Industriebrachen der USA eine radikale Abkehr vom Projekt Globalisierung. Und stieß auf Zustimmung. Man war der unübersichtlichen Suche nach Kompromissen, an deren Ende stets Opfer stehen, müde. Ihren Erfahrungen zufolge sind Kompromisse ein Zeichen von Schwäche und ihre Vertreter Hasenfüße, die oftmals arrogant und überheblich daherkommen, denn die Suche nach Kompromissen verlangt nach kenntnisreichen Fachleuten, die zuweilen aus Zuhörern Dilettanten machen.

Trump lieferte. Einmal gewählt, griff er zur Tat und zog sich unverzüglich aus weltweiten Verpflichtungen auf politischer, wirtschaftlicher und militärischer Ebene zurück. Man muss ihm zugutehalten: In einer Welt voller vieldeutiger Botschaften ist seine unmissverständlich und eindeutig. Er gibt der internationalen Gemeinschaft zu verstehen, dass Washington in Zukunft keinen Wert mehr auf das elende Geschäft der Kompromisssuche legt. Was bislang regelmäßig ein undurchdringlicher Prozess jahrelanger Verhandlungen gewesen war, an dessen Ende weitere undurchschaubare Auseinandersetzungen um die Interpretation der Abmachungen und Kompromisse standen, beschränkte sich als politischer Ausdruck des binären Zeitalters plötzlich auf einfaches »dafür oder dagegen«.

Das mühevolle Geschäft der Kompromissbildung auf internationaler Ebene, bei dem stets zahlreiche Partien mitreden wollen, wurde zum Handschlag zwischen Männern. Trumps erste Bemühungen mit dem nordkoreanischen Machthaber blieben zwar ergebnislos, aber die Symbolik der Bilder ist unübersehbar: Die Zeiten gescheiterter, endloser Konferenzen und entbehrlicher internationaler Organisationen waren vorbei. In Zukunft sollte das politische Geschäft wieder auf höchster Ebene von tatendurstigen Männern betrieben werden. Und so setzte Trump im Handstreich internationale Verträge, an denen unzählige Diplomaten aus allen Himmelsrichtungen über Jahre verhandelt hatten, um die Welt sicherer zu machen, außer Kraft.

Seit Erfindung und Einsatz von Nuklearbomben und dem damit verbundenen Potenzial, die Menschheit in wenigen Augenblicken auszulöschen, haben Kompromisse auf militärischer Ebene besondere Bedeutung. Am 8. Dezember 1987 unterzeichnen Ronald Reagan und Michail Gorbatschow nach sechsjährigen Verhandlungen den INF-Vertrag, der Mitteleuropa vor der Bedrohung durch atomare Mittelstreckenraketen befreien sollte. Beide Seiten haben gegeben und genommen: ein klassischer Kompromiss. Dreißig Jahre später kündigt Trump den Vertrag einseitig auf. UN-Generalsekretär António Guterrez kommentiert resigniert: Damit »verliert die Welt einen unschätzbaren Mechanismus zur Verhinderung eines Atomkrieges«.

Im Jahr 2015 schließen die ständigen Mitglieder im UN-Sicherheitsrat, vermittelt durch die Bundesrepublik, nach fünfjährigen Verhandlungen ein Abkommen, das dem Iran verbietet, Atomwaffen zu bauen. Im Mai 2019 steigen die USA aus dem Vertrag aus. Trump begründet den Schritt mit dem Hinweis, die Übereinkunft sei ein »schlechter Deal« gewesen. Seither reichert der Iran wieder Uran an.

Die Kaderschmiede für internationale Kompromisse sind die Auswärtigen Ämter in den Hauptstädten. Das amerikanische State Department in Washington liegt in Foggy Bottom, der nebeligen Talsohle. Dort ist es wie hinter einem dichten Nebelschleier in den zurückliegenden vier Jahren fast unsichtbar geworden. Während früher die Lichter in den Büros selten vor Mitternacht gelöscht wurden, übernimmt heute die nächtliche Putzkolonne die Herrschaft über die verwaisten Räume. Altgediente Mitarbeiter wurden zügig in Rente geschickt, Botschafterposten blieben unbesetzt, und attraktive Posten gingen an unerfahrene Gefolgsleute. Das State Department hat sich aus der internationalen Politik verabschiedet. Was noch anstand, regelte Trump persönlich über Twitter, wo er die NATO für überflüssig und die EU zum Gegner erklärte.

Diese Entscheidungen waren kein couragierter Vorgriff auf eine friedliche, problementsorgte Welt, sondern die bewusste Absage an jede Forme von Diplomatie und verbindliche internationale Beziehungen, kurz: an den Kompromiss als Verkehrsform.

Anlässlich einer Recherche über internationale Umweltpolitik, erzählte ein Mitarbeiter des Auswärtigen Amtes, der sein Leben lang Klimaverhandlungen geführt hatte, ein zusätzliches Ergebnis dieser Verhandlungen sei häufig die Bildung von »Humankapital« gewesen. »Die Gegenseite«, fuhr er fort, »ist bei diesen Verhandlungen meistens durch hochrangige, einflussreiche

Beamte vertreten, denn die Ergebnisse von Klimaverhandlungen kosten Geld und greifen unweigerlich in nationale Gesetze ein.« Die Gastgeber würden die Beratungen und den Tross der Delegationen häufig in die heimischen Provinzen verlegen, um diese aufzuwerten. Während sie dort wochenlang in bescheidenen Hotels leben und verhandeln, werden aus Kontrahenten Partner. Man wird persönlich, beginnt, sich zu vertrauen, und schließt Bekanntschaften, gelegentlich Freundschaften. Diese Kontakte können, verstetigt durch Sympathie und das Interesse an denselben Themen, zur Wiederverwendung bei späteren Konflikten überdauern. Er habe sich über die Jahre belastbare Beziehungen bis in die Spitzen einiger Administrationen aufgebaut, die ihm und der eigenen Regierung auch in anderen Zusammenhängen guten Dienst geleistet hätten, versicherte er.

Der anspruchsvollste Kompromiss, der in der langen Geschichte der Menschheit je erarbeitet wurde, war die weltweite Reaktion auf die Klimaerwärmung. Seit den 1970er-Jahren suchen Wissenschaftler, Politiker und NGOs nach Ursachen und, denen folgend, Lösungsvorschlägen, um das »Klima zu retten«. Nach drei Jahrzehnten intensiver internationaler Zusammenarbeit über alle Grenzen war es schließlich so weit. Am 4. November 2016 trat das Klimaschutzabkommen von Paris in Kraft. Die Menschheit verbündete sich weltweit, um die Klimakatastrophe abzuwenden. Man habe sich »vor Freude weinend in den Armen gelegen, als das letzte Komma gesetzt war«, berichten diejenigen, die in den letzten nächtlichen Verhandlungsstunden dabei gewesen waren. Ungeschoren wird die Menschheit trotzdem nicht mehr davonkommen. Dazu ist es zu spät. In den nächsten Jahrzehnten werden Ungezählte verhungern, ertrinken und in Verteilungskriegen fallen. »Paris« kann nur ein erster Schritt gewesen sein, aber ohne ihn würde es keinen zweiten geben, und auch dieser darf nicht lange auf sich warten lassen. Gleichzeitig erklärte Trump, der Klimawandel sei eine »Erfindung der Chinesen«, er trat aus dem Abkommen aus und entsorgte es wie eine Mülltüte voller Unrat. Hilflos hoffte man, dass es bei vier Jahren seiner Präsidentschaft bleibt. »Dann werden wir weitersehen müssen«, hieß es resigniert in den Staatskanzleien.

Was aber verbirgt sich hinter diesem Kahlschlag, der einmalig in der Geschichte ist und keine unmittelbaren Vorteile erkennen lässt? Einer Lesart zufolge ist Trump bis heute der Umgang mit der – zugegeben anspruchsvollen – Materie nicht geheuer, weswegen er sie einfach entsorgt habe. Verträge, zudem solche, die auf internationaler Ebene geschlossen werden, dienen zwar der Lösung aktueller Probleme, hinterlassen den Nachfahren aber häufig Verpflichtungen, die bis weit in die Zukunft kontinuierlich gepflegt und angepasst werden müssen. Das Pariser Klimaabkommen etwa bindet die Unterzeichner über Jahrzehnte in einen anspruchsvollen Prozess von Nachverhandlungen und Auflagen ein. »Trump hasst Faktenvielfalt, komplizierte Zusammenhänge und ernsthafte Politik. Er will, so wie ein verwöhnter Hund, nur spielen«, war sich ein Kollege von der *New York Times* sicher und fuhr fort: »Sie können als Präsident während laufender Verhandlungen 99 Prozent an ihre Mitarbeiter delegieren, aber irgendwann kommt unerbittlich der Zeitpunkt, an dem Sie als Präsident die Verantwortung übernehmen und entscheiden müssen. Davor hat Trump Angst. Er würde nicht umhinkommen, seine Entscheidung zu begründen. Dazu aber ist er außerstande, weil er keine Ahnung hat. »It scares shit out of him!«

Solche personellen Missgriffe sind als Teil der demokratischen Kultur unvermeidbar und sollten nach kurzer Laufzeit wieder korrigiert werden. Bei Donald Trump versagten die demokratischen

Selbstheilungskräfte vorerst und gaben ihm vier lange Jahre Zeit, sich an der Globalisierung und den damit notwendig verbundenen Kompromissen abzuarbeiten. Was vordergründig wie Diplomatie im rauen Naturzustand aussah, war nicht weniger als eine Revolution und harte, zielorientierte Politik, an deren Ende Kompromisse einer ganzen Politikergeneration in Scherben lagen. Freilich, die Politik der Kündigung von Verträgen und Vereinbarungen stößt, nachdem das letzte Abkommen gekündigt ist, an ihre natürlichen Grenzen: Zurück bleibt ein Feld ungezähmter Kräfte, die jederzeit ein gefährliches Eigenleben entwickeln können.

In der umfangreichen Übersicht *Kollaps – Warum Gesellschaften überleben oder untergehen* des Geographen Jared Diamond[25] spielen, wie nicht anders zu erwarten, Umwelt, Klima, Kriege und häufig Dummheit die entscheidenden Rollen. Bei aller Vielfalt der Szenarien begleitet zudem die Unfähigkeit, Kompromisse einzugehen, wie ein ständiges Hintergrundgeräusch den Gang der unglücklichen Gesellschaften in den Untergang. Außerstande zu Kompromissen, fehlt ihnen die wichtigste Gerätschaft für geeignete Gegenmaßnahmen, um drohendes Unheil abzuwenden. Wenn eine Gesellschaft den Kompromiss aus den Augen verliert, wird sie in ernste Schwierigkeiten geraten, ist die durchgängige Botschaft des Buches.

Die Vertreter der »Old School«, die im Zeitalter des Ausgleichs und des wechselseitigen Einvernehmens groß geworden sind, hoffen, Trump und seinen Anhängern mit Transparenz und Durchblick beizukommen. Sie geraten unweigerlich in die Vielfaltsfalle. Trumps Anhänger fürchten sich vor dem Betriebsgeheimnis der Moderne, den »Unübersichtlichkeiten« der sozialen und politischen Verhältnisse. Trump verspricht ihnen, die Zumutungen der bedrohlichen Vielfalt tatkräftig beiseitezuräumen.

Auf längere Sicht wird sich die Realität nebst ihrer verwirrenden Komplexität zwar wieder bemerkbar machen, aber für den Augenblick, die Zeitspanne, in der die Mehrheit zu Hause ist, wird ihr die Welt wieder zu einem durchschaubaren und sicheren Ort. Der ehrlich bemühte Aufklärer hingegen wird nicht umhinkönnen, differenziert zu argumentieren, und damit vorläufig genau das Gegenteil seines Anliegens erreichen.

Demokratische Politiker gehen in der Regel mit dem Ziel in die Politik, ihre Gesellschaft zu einem »besseren Ort« zu machen. Über dessen Ausgestaltung werden in der Folge unaufhörlich Kontroversen geführt. Am Ende einer politischen Karriere wird nach dem Maßstab der Differenz zwischen Anspruch und Erreichtem entschieden, ob sie erfolgreich gewesen sind.

Trump indes »verzichtet« auf Projekte und langfristige Vorhaben. Er will über das Amt hinaus nichts erreichen noch etwas hinterlassen. Es sei denn, man hält die Kündigung von Verträgen für erfolgreiches politisches Handwerk. Wer wie Trump nichts will, kann nach eigenem Ermessen kaum scheitern. Er wird kugelsicher.

Demokratien beziehen ihre Kraft jedoch aus der Kontinuität von Entscheidungen, dem Respekt vor Zuständigkeiten und dem Pflichtgefühl der Beteiligten – und nicht zuletzt der Fähigkeit zum Kompromiss. Trump betreibt Politik als Reflex auf den Augenblick. Für die Lebensführung eines Millionärs oder Schauspielers mag das hinreichen. Aber einer Demokratie, deren Schicksal vom Weitblick der Verantwortlichen abhängt, entzieht das Fehlen der Kompromissfähigkeit die Bodenhaftung. Wie es in der Tat am 6. Januar 2021 geschehen ist, als dem Mutterland der Demokratie der Staatsstreich drohte und die friedliche Machtübergabe, eine der entscheidenden Errungenschaften der Neuzeit und das Herzstück der demokratischen Idee, in Gefahr geriet.

Trump ist der adäquate Kandidat einer Gesellschaft, die dem Augenblick das Heft des Handelns in die Hand gegeben hat und die langfristige Pläne nur noch unwillig, in dem halbherzigen Bemühen Unheil abzuwenden, zur Kenntnis nimmt.

Die Affäre Trump hat schonungslos grundsätzliche Schwächen der demokratischen Idee offengelegt. Deren heilige Substanz, die Hoffnung, dass der »mündige Bürger« als Teil einer ideellen Gesamtvernunft in der Regel taugliche Kandidaten wählt, ist in die Jahre gekommen und brüchig geworden. Einige Autokraten können sich heute darauf berufen, im Rahmen demokratischer Regeln an die Macht hat gekommen zu sein, und sich auf die »freie Entscheidung ihrer Wähler« beziehen. Wobei sie es selten mit überzeugenden Gegenkandidaten zu tun hatten. Denn Mitbewerber, die über ausreichende Befähigung zur Politik verfügen, sind häufig nicht mehr bereit, sich den Herausforderungen öffentlicher Ämter zu stellen.

Es gilt jedoch weiterhin und unbestritten die Einsicht: Eine Demokratie kann nur so gut regiert werden, wie es die Kompetenzen derjenigen, die aus ihrer Mitte heraus bereit sind, Verantwortung zu übernehmen, erlauben.

13 Die Alternativlosigkeit: Dienstmagd der Vereinfachung

Eine Luxuskompromisslage auf politischer Ebene hätte folgende Merkmale:

Es herrscht Einigkeit über das Problem, das es zu regeln gilt, einschließlich dessen konkreter Beschaffenheit. Es liegen realitätstaugliche Alternativen, deren unterschiedliche Folgen ebenfalls bekannt sind, vor. Alle Seiten sind fest zur Übereinkunft entschlossen und bereit, eigene Standpunkte zu opfern. Und schließlich muss ein Kompromiss den Betroffenen, Wählern und Bürgern zu vermitteln sein.

Freilich im täglichen fortdauernden Tumult der Suche nach tauglichen Abkommen ist dieses Ideal die seltene Ausnahme und das Gegenteil häufiger der Fall. Bereits bei der Frage, ob ein Problem überhaupt besteht, also durch Kompromisse gelöst werden muss, können die Meinungen weit auseinanderliegen. Die Erderwärmung etwa hält Donald Trump ebenso wie sein brasilianischer Amtskollege für Unsinn. Für die Europäische Union ist sie eine bedeutende Herausforderung, für die Bundesregierung sogar eine sehr bedeutende. Teile des asiatischen Raumes haben sich noch nicht verbindlich zu Wort gemeldet. Die betroffenen Länder Afrikas haben vorläufig andere Sorgen und ohnedies keine Mittel und Möglichkeiten, etwas zu unternehmen. Diese bereits im Vorfeld unübersichtliche Gemengelage ist ruhiges Fahrwasser im Vergleich zu der Vielstimmigkeit, die beginnt, wenn es an die Bewältigung gemeinsam anerkannter Probleme geht. In einem ersten Schritt müssen Lösungsvorschläge einschließlich deren Folgen für die Folgezeit »en détail« gesucht werden. Danach beginnt in der Regel die eigentliche Arbeit, die Entscheidung zwischen den vorliegenden Alternativen. An diesem Punkt bereits scheitert die Mehrzahl der Versuche, eine Einigung zu erzielen, denn jetzt bringt sich unvermeidlich ein neuer Mitspieler ins Gespräch, die »Zukunft«, für die es jedoch selten verlässliche Argumente gibt. In ihr herrscht zwangsläufig das »Ungefähre«, ein unsicheres Terrain für verbindliche Absprachen. Jetzt wird es Zeit, den verwirrenden Gang der Dinge zu vereinfachen und durch überschaubare Vorgänge zu ersetzen

Mittel der Wahl ist die »Alternativlosigkeit«. Einst hieß sie »Gottes Wille«, bis dieser in der Aufklärung mit der Selbstermächtigung des Menschen ins Gerede und im demokratischen Umfeld aus der Mode kam.

Margaret Thatcher hat vor fünfzig Jahren mit einer kurzen, aber wirkungsvollen Bemerkung »There is no Alternative« diese überraschend wieder in den modernen politischen Betrieb eingeführt. Tatsächlich ist sie so real wie Tinkerbell. In der modernen Vielfalt gibt es immer Alternativen, die zudem täglich mehr werden.

Die selbstbestimmte Wahl zwischen ihnen ist die Idee der Demokratie und ihr eigentliches Geschäft. Das kann zeitraubend sein und oftmals erfolglos bleiben. Der bequemere Weg ist zweifellos der vermeintlich alternativlose Zugriff auf eine Entscheidung.

Die Alternativlosigkeit wird zu Hilfe gebeten, wenn Maßnahmen weder überzeugend begründet noch durchgesetzt werden können. Ihr Einsatz ist als »Bankrotterklärung der Politik« in der Regel ein Zeichen von Rat- und Machtlosigkeit. Die Grundidee ist verführerisch einfach. Ein Lösungsvorschlag wird, häufig unvermittelt, als alternativlos bezeichnet und ohne nähere Begründung in die Welt der Politik entlassen. Denn jede Rechtfertigung wäre Anlass zu erneuten Auseinandersetzungen, deren Vermeidung der tiefere Sinn der verordneten Zwangsläufigkeit ist.

Gewöhnlich kommt sie in Begleitung des unauffälligen Sachzwangs, der behauptet, die Realität und deren Erfordernisse an seiner Seite zu wissen. Wer beiden nachgibt, opfert die aufgeklärte Selbstermächtigung von einst der Bequemlichkeit und mangelnden Einsicht von heute. Man vertraut sich dem Gang der Dinge an, weil man kein Vertrauen in sich selbst und die eigenen Argumente hat.

Politik wird zum Entscheidungsprivileg derjenigen, die befinden dürfen, welche Lösung ohne Alternative sei.

Wer sich auf fehlende Alternativen beruft, gesteht ein, dass ihm die Hände gebunden sind, und überlässt den Lauf der Dinge Eigengesetzlichkeiten, die sich seinem Einfluss und damit seiner Verantwortung entziehen. Bei gemeinsam getroffener Entscheidung entsteht zudem eine kollektive Verantwortung, die kaum einklagbar ist und in deren Namen jeder Beteiligte bei Misserfolgen Deckung suchen kann.

Diktatoren und Autokraten und all jene, die den trägen Gang demokratischer Entscheidungsprozesse ablehnen und öffentliche Kontroversen fürchten, bedienen sich gerne der bequemen Eindeutigkeit. Sie entscheiden »frei« im Kreis ihrer Machtzirkel. Den Betroffenen erscheinen die Maßnahmen, deren Alternativen sie nicht durchschauen, dann als Folge naturwüchsiger Prozesse, die sich menschlichem Einfluss entziehen und Neubefassung nicht zulassen. Der Verzicht auf die sorgfältige Prüfung von Alternativen hat zwar den reizvollen Glanz von Schneid und Tatendrang und vermag den Augenblick zu gewinnen. Die Zukunft indes droht er zu verlieren, denn jede Zukunft bedient sich notwendig aus dem großen Reservoir vorgängiger Alternativen. Werden die ihr vorenthalten, bleibt sie früher oder später in der Sackgasse unerledigter Probleme stecken.

»Gut Ding will Weile haben«, weiß der Volksmund. Demokratischer Politik sollte es an »Weile« nie fehlen. Es braucht den gemächlichen Gang der Dinge, um erfolgreich durch die Komplexität der entfalteten Moderne zu kommen. Was Scheitern nicht ausschließt, sondern im Gegenteil den Misserfolg als notwendige Dreingabe begreift.

Wer erfolgreich Alternativlosigkeit für sich in Anspruch nimmt und die Deutungshoheit über strittige Themen besitzt, kann überdies darauf verzichten, die Bevölkerung »mitzunehmen«, eine der lästigen Pflichten im demokratischen Prozess, denn das Bemühen, den kritischen Bürger zu überzeugen oder ihn eines Besseren zu belehren, ist in der Regel ein mühsames und zähes Geschäft.

In welcher Beziehung stehen Alternativlosigkeit und Kompromiss? Beide bemühen sich um Entscheidungen, suchen diese jedoch unter unterschiedlichen Voraussetzungen und mit eigenen Mitteln. Der Kompromiss sucht zwischen Alternativen zu vermitteln, die strenge Schwester kennt nur eine Lösung.

In politischen Kulturen, in denen alternativlose Entscheidungen zum eingespielten Handwerk gehören, hat es der Kompromiss mit seinen umständlichen, zeitraubenden Regeln schwer. Er gerät in den Ruch überlebter Verfahrensweisen, die dem Fortschritt und einer schnellen Erledigung der Dinge im Weg stehen. Er strapaziert die Geduld, die ohnehin zu den schwindenden Ressourcen gehört, und enttäuscht die Sehnsucht nach präzisen, einsichtigen Anweisungen.

Wo Alternativlosigkeit herrscht, hat der Kompromiss sein »Recht verloren«, heißt es. Diese Einsicht kennt im praktischen Geschäft jedoch zahlreiche Ausnahmen. Beide halten es nebeneinander aus, vorausgesetzt, die aus der Alternativlosigkeit folgenden Entscheidungen können später öffentlich debattiert und durch Kompromisse ersetzt werden.

In der Bonner Republik und anfänglich in Berlin hat man sich, eingedenk der Vergangenheit, nur in Ausnahmefällen und vorsichtig der Alternativlosigkeit bedient.

Das berühmteste Beispiel ist die Hamburger Sturmflut vom Februar 1962, die vermutlich erheblich mehr Opfer gekostet hätte, wenn sich der damalige Innensenator Helmut Schmidt, jenseits seiner verfassungsrechtlichen Befugnisse, nicht für den Einsatz von NATO-Truppen zur Rettung der bedrohten Bewohner seiner Stadt entschieden hätte.

Der couragierte Durchgriff des späteren Kanzlers hat der Demokratie nicht geschadet, sondern im Gegenteil bezeugt, dass die Berufung auf die Alternativlosigkeit, vorausgesetzt, sie wird nachträglich politisch aufgearbeitet, ein Gebot der Stunde sein kann. Allerdings bleibt sie auf den Mut und die Entschlossenheit der Verantwortlichen angewiesen – Tugenden, auf denen, in gesicherte Bahnen gelenkt, ohnehin jegliche Politik beruht.

Siebzig Jahre später stürzen Wassermassen durch das Ahrtal in der Eifel und treffen auf eine gelähmte, entscheidungsschwache Bürokratie. Diesmal jedoch ist niemand zur Stelle, der beherzt gegen die Vorschriften einzugreifen weiß und wagt. 134 Flutopfer werden zu beklagen sein.

Nach dem Husarenstreich des Hamburgers geriet die souveräne Missachtung von Regeln zum Zweck, Unheil zu verhindern, bald wieder aus der Mode. Sie passte nicht in eine Zeit, deren Jugend nachhaltig mit »antiautoritären Lebensstilen« experimentierte.

Erst Angela Merkel hat eine Generation später begonnen, sich bei wesentlichen Fragen der Alternativlosigkeit zu bedienen.

Ihre spontane Maßnahme, die deutschen Atomkraftwerke nach der Katastrophe von Fukushima abzuschalten, machte zwar im Augenblick ihrer Entscheidung Eindruck, weil sie entschlossen und zielgerichtet wirkte, bringt uns jedoch heute in gefährliche Abhängigkeiten von Energieimporten. Zudem werden die nationalen Klimaziele bis auf Weiteres nicht zu erreichen sein. Einer umsichtigen Prüfung und Suche nach Alternativen wären diese Spätfolgen nicht verborgen geblieben, und diese hätten vermutlich zu intensiven Debatten geführt. Aber genau deren Verhinderung war der Zweck der alternativlosen Entschlossenheit.

Die Rettung Griechenlands mit europäischen Geldern während der Finanzkrise 2011 wurde ebenfalls von der Bundesregierung mit einer alternativlosen Gemengelage begründet. Alle anderen Maßnahmen brächten den gesamten Euroraum in Gefahr und kämen daher nicht in Betracht. Allerdings war dies der erste Schritt zu einer europäischen Währungsunion, die aus guten Gründen bislang nicht auf der Tagesordnung der EU gestanden hatte.

Da Griechenland gegen den Widerstand des damaligen Finanzministers Wolfgang Schäuble gerettet wurde, lässt sich heute nicht mehr eindeutig entscheiden, ob die Befürchtungen und damit die vorgebliche Alternativlosigkeit zwingend gewesen waren. Eine zukünftige Generation wird bei einer neuerlichen Betrachtung der Ereignisse vom Frühjahr 2010 vielleicht zum Ergebnis kommen müssen, dass damals die Voraussetzungen für eine Reihe schwerer Finanzprobleme der EU geschaffen wurden.

Fünf Jahre später, am 5. September 2015, erklärte Angela Merkel auf einer Pressekonferenz: »Deutschland ist ein starkes

Land. Das Motiv, mit dem wir an diese Dinge herangehen, muss sein ... wir schaffen das.« Bei »diesen Dingen« handelte sich um einen Flüchtlingsstrom, der als »March of Hope« nach Deutschland unterwegs war. Merkel öffnete die Grenzen, und innerhalb weniger Monate kamen Hunderttausende Schutz Suchende aus dem Maghreb nach Deutschland. Das beherzte »Wir schaffen das« war indes keine inhaltliche Begründung für das Öffnen der Grenzen, sondern eher die Aufforderung, ihre Anordnung ohne weitere Nachfragen gutzuheißen.

Und schließlich soll Merkels nachgiebiges Verhältnis zu Putin seine Ursachen in wirtschaftspolitischen Vorgaben zur Energieversorgung, gehabt haben, für die es damals keine erkennbaren Alternativen gab.

In der Zwischenzeit sind die Energieimporte aus Russland zum Erliegen gekommen, ohne dass die Deutschen im ersten Kriegswinter gefroren hätten.

Wie erklärt sich Merkels Neigung zu einsamen, angeblich alternativlosen Entscheidungen?

Die erste Kanzlerin der Republik war in einem politischen System groß geworden, das die Geschichte unbeirrbar auf dem Weg zu dem fernen Ziel einer klassenlosen Gesellschaft sah. Die Entwicklung dorthin war, der Theorie des historischen Materialismus zufolge, zwingend vorgezeichnet und wissenschaftlich abgesichert. Solche Gesellschaftsentwürfe tun sich schwer mit freien Alternativen, die Anspruch auf sorgfältige Prüfung anmelden. Vermutlich haben Erfahrungen in Angela Merkels früher politischer Sozialisation nachgewirkt und sind die Ursache ihrer Neigung zu Beschlüssen, die mit vermeintlicher Alternativlosigkeit begründet werden.

Demokratische Politiker, die im Gedächtnis der Nachwelt einen ehrenden Platz gefunden haben, sind indes mit dem Rückgriff auf die Alternativlosigkeit meist sparsam umgegangen. Sie haben im Gegenteil die persönliche Verantwortung für ihre Wahl zwischen verschiedenen Entwürfen als unabdingbare Geschäftsgrundlage ihrer Karriere begriffen und gelebt.

14 Langmut und Gelassenheit

»Nur das Weniger wird mehr!«

Hans-Werner Funke

Was geschieht mit Streit und Kompromissen, die uns ein Leben lang begleitet haben, wenn wir in die Jahre kommen?

Das Alter fegt erbarmungslos durch unser aller Dasein. Was überflüssig geworden ist, wird entsorgt Auch der leidige Streit und seine ständigen Begleiter drohen, wie Spannkraft oder Haarwuchs, den Unwettern der Lebensneige zum Opfer zu fallen. Das Wesentliche ist ebenso wie die Zukunft aufgebraucht. Die Alternativen werden weniger. Damit wird der Raum für Kompromisse enger. Die mühselige Suche nach ihnen weicht der Gewissheit, dass es ruhiges Einvernehmen und der sichere Gang auf vorgegebenen Bahnen schon richten werden.

Das Leben noch der Widerborstigsten reiht sich ein und folgt dem Gang der Dinge. Aufrichtiges Interesse an der Meinung des anderen weicht leidenschaftsloser Nachgiebigkeit. Im gemeinsamen Schweigen als intimer Form der Konfliktvermeidung werden alte Beziehungen neu begründet und von Streit und Kompromissen befreit.

Das muss kein Verlust sein. Im Gegenteil. Der Rückzug aus Streitbarkeit und Kompromissbereitschaft ist Voraussetzung für die Einkehr in jene milde Friedfertigkeit, mit der es sich erfolgreich altern lässt.

Kluge Männer und Frauen beenden ihre Karrieren mit rechtzeitigem Abschied, der zu einer erfolgreichen Berufslaufbahn ebenso gehört wie jede andere bedeutsame Entscheidung zuvor.

Ein Bäckereibesitzer im Rentenalter, der täglich in der Backstube auftaucht, um seinen Söhnen zu erklären, wie der Laden läuft, wäre gut beraten, sich nach einem gelassenen Blick über Vitrinen und Kuchenbleche wieder zurückzuziehen. Andernfalls wird er damit rechnen müssen, über kurz oder lang energisch entsorgt zu werden.

»Kehre nie zurück, du störst«, riet mir meine weltkluge Mutter, als ich in Rente ging. Ich habe mich, von wenigen Ausnahmen abgesehen, daran gehalten, meine ehemaligen Kollegen in Ruhe gelassen und mir manche Enttäuschung erspart. Bin indes auch nie vermisst worden, wenn ich es recht bedenke.

Die Aufforderung, »seinen Frieden mit der Welt zu machen«, bezieht sich nicht nur auf die Vergangenheit und die Aussöhnung mit dem, was unabänderlich gewesen ist, sondern vor allem auf den Alltag der späten Jahre.

Großvater sei »weicher« geworden, heißt es dann. Großmutter weiß zwar weiterhin alles besser, aber ohne die alte Streitsucht und den zähen Anspruch, recht zu bekommen. Man entdeckt in ihr eine neue Milde als Ausdruck einer müden Gleichgültigkeit, die häufig das letzte Mittel ist, um das Alter zu überleben.

Das Leben wird, einmal im Rentenalter angekommen, abgesehen von der nachlassenden Gesundheit spielerischer und unbekümmerter. Die wichtigen Entscheidungen sind vor langer Zeit getroffen worden, vor allem die, beieinanderzubleiben.

Wer hingegen weiter seinen Gang geht, ist der Alltag: die Einkaufsliste für den Discounter, die Verdauung nach dem Essen und die Gestaltung des abendlichen Fernsehprogramms: Fragen, die den Streit nicht mehr lohnen und Kompromisse nicht mehr erfordern.

Zu den Erbstücken aus einer gemeinsamen Vergangenheit können noch Streitnester gehören, Themen, über die ein Leben lang in leichtem Ton gezankt wurde, ohne dass je ein Kompromiss vorgesehen war. Sie dienen im Alter als Kommunikationsreserve, falls der Gesprächsstoff auszugehen droht.

Jedes Mal, wenn wir bei Onkel Harald und seinem Mann Klaus-Peter in der samtgrünen Sitzecke zusammen sind und dessen Blick auf die Wand links der Tür zum Schlafzimmer fällt, bemerkt der Onkel nach einer Weile angestrengten Nachdenkens: »Ich finde, wir sollten das Bild mit der grauen Herbstlandschaft durch ein anderes ersetzen.«

»Ich weiß. Du sagst es nicht zum ersten Mal«, reagiert Klaus-Peter mit matter Stimme.

»Im Ernst, es macht mich trübsinnig.«

»Das Bild?«

»Es ist so vergänglich.«

»Das sind wir alle.«

»Du wirst zynisch. Ich denke, wir sollten es durch den Klatschmohn aus dem Flur ersetzen.«

»Sei nicht albern. Rot passt unter keinen Umständen.«

»Ich höre dich, aber ich sehe es anders. Die Ecke könnte Farbe gebrauchen.«

»Nichts gegen Farbe, aber Rot?«

»Warum nicht?«

»Weil du nach den vielen Jahren wissen musst: Rot ist meine Farbe nicht.«

»Schwarz ist aber auch keine Farbe.«

»Da hast du recht. Hat jemand meinen schwarzen Cashmere gesehen?«

»Wo hast du den liegen lassen?«

»Das weiß ich ja nicht.«

»Du solltest doch mal zu Doktor Speichel gehen!«

»Dem Urologen?«

So geht das endlos in redseliger Verbundenheit. Und der rote Mohn hängt immer noch im Flur.

Worte, die zu Streit führen können, etwa solche, die sich auf die Libido beziehen oder für die Lebensführung keine Bedeutung mehr haben wie »Karriere« oder »Stress«, werden still entsorgt. Andere wie das unauffällige »Wozu?« kommen hinzu und gewinnen an Gewicht.

Ein alter Freund, der in Hamburg ein Menschenleben lang Konzertabende organisiert hat, riet mir, als ich ihn unentschlossen zu einem Konflikt um Rat bat: »Frag dich einfach: ›Wozu?‹, dann erledigen sich im Handumdrehen zwei Drittel der Probleme, und du kannst in Ruhe weitermachen.«

»Wozu sollen wir uns über politischen Ansichten streiten? Egal, wie zutreffend unsere Argumente sind, sie werden ohnedies folgenlos bleiben.«

»Wozu den Flur noch streichen, das sollen die Kinder machen, wenn wir gegangen sind.«

»Wozu einen neuen Mantel, ich gehe bei schlechtem Wetter kaum mehr vor die Tür.«

»Mit siebzig fängt das Leben erst an«, versichern uns freundliche Barden. Das ist Unsinn. In dem Alter fängt es an aufzuhören, was sich lange hinziehen kann. In dieser Zeit stellt sich im besten Fall ein neues Lebensgefühl ein: die Behaglichkeit, der Rückzug aus der Vielfalt und damit der Verzicht auf Kompromisse.

Wer einmal in Afrika in einem der Nationalparks unterwegs gewesen ist, wird sich an die große Stille erinnern, die bereits am frühen Vormittag über die riesigen Herden kommt. Säugetiere sind, mit Ausnahme kurzer Momente während der Paarung etwa, zur Trägheit und Untätigkeit bestimmt. Der Mensch war Säugetier, bevor er zum Homo sapiens wurde und Betriebsamkeit zu seinem Lebensprinzip machte. Luthers Überzeugung, »der Mensch ist zur Arbeit geboren wie der Vogel zum Fliegen«, war seit jeher gegen die Natur. In keinem bekannten Jenseits wird gearbeitet, dort liegen im Gegenteil alle Hände für ewig im Schoß.

In die Jahre gekommen, dürfen die Alten den ursprünglichen, vorzivilisatorischen Bestimmungen ihrer Existenz nachgehen: Müßiggang und Nichtstun. Diese, und der Verzicht auf Kompromisse, sind der große Zugewinn der späten Jahre.

In diesem Verständnis fängt das Leben tatsächlich mit siebzig erst an.

Nachwort – Auf zum letzten Gefecht!

Das war ein wilder Ritt durch die Geschichte des Kompromisses sowie zu einer Vielzahl anverwandter Gesichtspunkte und Aspekte. Unabhängig von seiner unterschiedlichen Bedeutung läuft die Beschäftigung mit ihm unerbittlich auf eine Erkenntnis hinaus: Ohne die weltweite Bereitschaft zum Kompromiss als solidem Fundament unserer gemeinsamen Zukunft werden wir keine haben können, zumindest keine, die eine Ähnlichkeit mit der Gegenwart haben wird.

Als soziale und politische Verkehrsform ist Kompromissen indes eine fatale Tendenz eigen. Sie erzeugen über die Zeit unaufhaltsam und meist unmerklich die Voraussetzungen für ihre eigene Abschaffung. Denn die Folgen einer Einigung zwischen zwei Parteien sind in der Regel neue Vorschriften und Gesetze. Aus der Übereinkunft zwischen widerstrebenden Interessen werden rechtskräftige Vorgaben, deren Zahl ständig wächst. Allmählich entsteht so ein dichter werdendes Netz aus verbindlichen Richtlinien.

Wer heute eine Windkraftanlage plant, ein Wohnquartier errichten möchte oder eine Brücke ersetzen muss, kriegt es, neben vielen anderen, mit Vertretern der Biodiversität, dem Lärmschutz und der Landschaftsästhetik zu tun. Behörden, bewaffnet mit unerschöpflichen Sicherheitsvorschriften, nehmen jedes Projekt sorgfältig in Augenschein. Jede Abweichung von der Norm führt zu endlosen Einwänden, um deren Berechtigung häufig mit hoher juristischer Intensität gefochten wird. So haben die Erfolge von Naturschützern zur Rettung von Feuersalamandern und Eidechsen mancherorts ausgerechnet den Bau neuer Windkraftanlagen fast zum Erliegen gebracht.

Ähnlich einem Verkehrsstau auf überfüllten Straßen nach Feierabend, werden die Wege demokratisch legitimierter Entscheidungen durch die Hinterlassenschaften vorgängiger Kompromisse verstopft und unpassierbar. So gerät das Projekt der einvernehmlichen Übereinstimmung in Gefahr, an der unübersehbaren Zahl von entscheidungsrelevanten Vorschriften zu scheitern, die ungezählte vorangegangene Kompromisse verursacht haben.

Dem geregelten Gang der Dinge droht ein aufwendiger Stillstand, den die Betroffenen als Systemversagen erleben. Stichwort für diese Entwicklung sind »ausufernde« Bürokratien, »Regelungswut« und »Behördenallmacht«. Das ist der Nährboden, auf dem die Sehnsucht nach einfachen Lösungen und Tatkraft gedeihen. Während der Kompromiss zum lästigen Störenfried wird, der den Aufbruch zu den Ufern klarer und eindeutiger Entscheidungen verhindert.

Er bleibt dennoch unabdingbar unser Gattungsschicksal und wird uns bis zum letzten Atemzug nicht verlassen dürfen. Das gilt für die großen Themen wie die »Big Three« Klima, Migration und Bevölkerungswachstum ebenso wie für den Alltag eines jeden Einzelnen von uns, auch wenn Kompromisse meist so nahtlos in den Gang der Dinge eingefügt sind, dass wir sie häufig nicht einmal mehr erkennen.

Mitte des 20. Jahrhunderts, nach zwei durchgefochtenen Weltkriegen, hatte die Menschheit schließlich ein Einsehen mit sich. Der Abwurf von zwei Atombomben hatte sie zudem in den Abgrund der Selbstvernichtung schauen lassen.

Ein Ergebnis dieser Erfahrungen und der damit verbundenen praktischen Einsichten war das Konzept der Globalisierung, der Versuch, die Regeln der Kompromisssuche als verbindliche Umgangsformen zwischen Nationen und Regierungen durchzusetzen. Aus der Alltagstechnik zur Bereinigung von Familienstreitigkeiten und dem ungeliebten Duckmäuser der Politik von einst wurde ein weltweit gültiges Instrument zur Schlichtung von Konflikten und Machtansprüchen. Kriege, die Geißel der Menschheit, sollten, so die Hoffnung, aus der Mode kommen.

Wenn wir zukünftig und aus hinreichender zeitlicher Distanz auf die zweite Hälfte des 20. Jahrhunderts zurückblicken, werden wir als wichtigste Ursache der ungewöhnlich friedlichen Jahrzehnte das »Primat des Kompromisses« in der internationalen Politik ausmachen.

Ein halbes Jahrhundert lang standen sich Ost und West in einem eingefrorenen Kompromiss, dem Kalten Krieg, gegenüber, mit dem einzigen Ziel, einen Atomkrieg zu verhindern, bis man schließlich übereinkam und erschöpft die kostspielige Auseinandersetzung beendete.

Trotz des weltweit glänzenden Siegeszuges demokratischer Ideen während dieser Jahrzehnte waren im Laufe des lautlosen Waffengangs machtfreie Räume entstanden, die von durchsetzungsfähigen Akteuren erobert wurden und sich zu hybriden Staats- und Regierungsformen entwickelten, wie Nordkorea, einige Staaten Südamerikas oder Putins Russland. Sie werden im Inneren ohne Rücksicht auf die Lebensumstände der Bevölkerung regiert und fühlen sich im Äußeren nicht mehr den Vorgaben der Globalisierung verbunden. Ihre Machthaber agieren jenseits von deren Regeln. Ihre Politik beschränkt sich auf die aggressiv-rücksichtlose Beherrschung des Augenblicks und die Eroberung fremden Terrains. Die Welt droht sich in zahlreichen regionalen Konflikten zu »verkämpfen«, ähnlich den unendlichen Auseinandersetzungen des Mittelalters.

Es rächt sich nun, dass die Weltgemeinschaft nach dem Ende des Zweiten Weltkriegs keine Vorkehrung in Form eines schlagkräftigen Kollektivwillens getroffen hat und vermutlich auch nicht treffen konnte, um zu verhindern, dass die Zukunft der Menschheit in die Hände einiger Autokraten gerät. Die politische Organisationsform der globalisierten Weltordnung, ein Planet, besiedelt von autonomen Staaten, verhindert Maßnahmen gegen regierende Einzeltäter, selbst wenn sie weltweites Gesamtinteresse verletzen.

Vielleicht hätte man sich der mittelalterlichen »Reichsacht« erinnern sollen, mit der das Heilige Römische Reich Deutscher Nation versuchte, sich seiner innenpolitischen Gegner zu erwehren, indem sie diese für »vogelfrei« erklärte. Der Internationale Strafgerichtshof in den Haag kann zwar Haftbefehle gegen Regierungen und deren Vertreter etwa wegen Völkermord erlassen, ihm fehlen jedoch die Einsatzkräfte, seine Urteile in die Tat umzusetzen. Zudem wird er weder von den USA noch Russland oder China anerkannt, sodass die abschreckende Wirkung seiner Entscheidungen sich in engen Grenzen hält.

Vergebliche Appelle und erfolglose Sanktionen sind vorläufig die einzige Möglichkeit, Verbrechen gegen die Kollektivinteressen der Menschheit zu verfolgen oder zu verhindern. Mit einigem Aufwand zwar, aber im Grunde hilflos schaut die Weltgemeinschaft dem Treiben der Täter zu.

Nicht Putin oder Bolsonaro sind das Problem, sondern die kollektive Unfähigkeit, ihnen das Handwerk zu legen. Sie und andere gegenwärtige Autokraten agieren entgegen allem Anschein nicht jenseits unserer Wirklichkeit, sondern sind Teil einer Gegenwart, die sich ihrer nicht zu erwehren weiß.

Während der Kalte Krieg sich seinem Ende zuneigte und die Menschheit erleichtert war, einer stets drohenden nuklearen Auseinandersetzung entkommen zu sein, erwuchs ihr allmählich und unerwartet ein neuer Konflikterd. Die Natur beginnt sich mit ihren unabänderlichen Abläufen und zwangsläufigen Gesetzmäßigkeiten gegen uns selbst zu wenden. Was sich einst friedlich gefügt hatte, steht sich unversöhnlich gegenüber.

Maßnahmen gegen den Klimawandel sind seither kein Jahrhundertprojekt, wie es gelegentlich heißt, sondern ein Sofortprogramm, das unverzüglich in die Tat umgesetzt sein will.

Wir können uns Utopien einer besseren Zukunft nicht mehr leisten, nicht einmal die Hoffnung auf sie.

Die einst hellsichtige Bemerkung von Oscar Wilde: Eine Weltkarte, die das Land Utopia nicht enthielte, wäre es nicht wert, dass man einen Blick auf sie wirft, denn in ihr fehlt das einzige Land, in dem die Menschheit immer landet, hat sich erübrigt. Utopie ist nirgendwo mehr.

Wir sind stattdessen vollauf damit beschäftigt, deren Gegenteil, die Dystopie mit ihren Eigengesetzlichkeiten, zu verhindern. Wir sehen uns Dimensionen der Bedrohung gegenüber, die nicht einzelne Staaten oder Regionen betreffen, sondern die Gattung Mensch.

Auf der Tagesordnung der Zukunft steht deswegen zuvorderst die Entwicklung der »Gattung an sich« zur »Gattung für sich«, einer globalen Gemeinschaft, die ihre Differenzen zur Seite legt, um sich geschlossen den Herausforderungen zu stellen. Erst wenn wir uns als globales Kollektiv jenseits von Interessen und Erzfeinden gefunden haben, werden wir uns der selbst verschuldeten Gefahren erwehren können.

Nie war die Befähigung zum friedfertigen Ausgleich wichtiger als heute. Das Mittel der Wahl, um die notwendige Geschlossenheit herzustellen, bleibt wie jeher der Kompromiss. Er muss, etwa im Rahmen der Vereinten Nationen, wie ein Webschiffchen versuchen, zwischen den unzähligen Fehden, Feindschaften und Fronten ausgleichend zu vermitteln.

Versagt er, misslingt die Rettung der Menschen vor einer Natur, die mit jedem Tag reizbarer und feindseliger wird.

Trotzdem beginnt man der Globalisierung müde zu werden. Den einen ist sie zu undurchsichtig, andere wieder sehen ihre Freiheiten eingeschränkt, was im Kern die Idee der Globalisierung ist, denn ihr immanentes Prinzip der Kompromisssuche führt notwendig zu Abstrichen und Verlusten.

Die Bereitschaft zu Verständigung und friedlichen Übereinkünften nimmt ab. Die Lehren aus der großen Verwüstung Mitte des letzten Jahrhunderts geraten in Vergessenheit ebenso wie Weitblick und Zurückhaltung. Deren Verlust hat noch stets am Anfang aller verhängnisvollen Entwicklungen gestanden.

Das Publikum fordert immer häufiger Taten, statt langwieriger Verhandlungen, auch wenn deren Konsequenzen unabsehbar sind. Die Erfolge von Parteien, die einfache Lösungen versprechen und bereit sind, das stets komplizierte Räderwerk demokratischer Verfahren zum Stillstand zu bringen, sind Zeugnis dieser Entwicklung.

Die Zeit drängt. Mit der Natur sind keine Kompromisse zu haben. Im günstigsten Fall ist Aufschub möglich.

Auf dem Gabentisch, den uns die Evolution nach getaner Arbeit hinterlassen hatte, zählt die kostbare Befähigung zur Zukunft. Alle anderen Geschöpfe kennen weder sie noch Zeit. Wenn es uns nicht gelingt, unser Talent zum Kompromiss kollektiv in den globalen Kampf gegen den Klimawandel einzubringen, werden wir bald schon unser Anrecht auf eine Zukunft verwirkt haben.

Dank

Ohne das sichere Stilgefühl und die sanfte Entschlossenheit von Caroline Draeger, die das Buch lektoriert hat, wäre es nie zustande gekommen. Vielen herzlichen Dank.

Anmerkungen

1 Erhard Valentin Jakob Sprengel, *Das andere Geschlecht das Bessere Geschlecht*, Berlin, Vieweg d. Ä. 1798.
2 Eva Menasse, *Gedankenspiele über den Kompromiss*, Droschl Verlag, Graz 2020.
3 Véronique Zanetti, *Spielarten des Kompromisses*, Suhrkamp Verlag, Frankfurt a. M. 2022.
4 Jürgen Habermas, *Strukturwandel der Öffentlichkeit*, suhrkamp taschenbuch, Frankfurt a. M. 1990.
5 Marcel Proust, *Auf der Suche nach der verlorenen Zeit*, Bände 1–3, Suhrkamp, Frankfurt a. M. 2000, S. 3535.
6 Felix Dahn, *Gesammelte Werke. Erzählende und poetische Schriften.* [2 Serien von je 8 Bänden] 2. Aufl., Breitkopf & Härtel, Leipzig 1921.
7 www.kas.de/de/einzeltitel/-/content/erste-regierungserklaerung-von-bundeskanzler-adenauer
8 Helmut Schelsky, *Die skeptische Generation. Eine Soziologie der deutschen Jugend*, Eugen Diederichs Verlag, Düsseldorf und Köln 1957.
9 Pascal Bruckner, Alain Finkielkraut, *Das Abenteuer gleich um die Ecke. Kleines Handbuch der Alltagsüberlebenskunst*, Carl Hanser Verlag, München 1981.
10 Johann Wolfgang von Goethe, *Faust. Der Tragödie Erster und Zweiter Teil*, Reclam, Stuttgart 2020.
11 Jürgen Habermas: *Theorie und Praxis. Sozialphilosophische Studien*, Suhrkamp Verlag, Frankfurt a.M. 1971; Jürgen Habermas, *Legitimationsprobleme im Spätkapitalismus*, Suhrkamp Verlag, Frankfurt a. M. 1973.
12 Max Horkheimer, Theodor W. Adorno, *Dialektik der Aufklärung*, Fischer Verlag, Frankfurt a. M., 1988.
13 Hans-Jürgen Krahl, *Konstitution und Klassenkampf. Zur historischen Dialektik von bürgerlicher Emanzipation und proletarischer Revolution*, Verlag Neue Kritik, Frankfurt a.M. 1971.

14 www.bundespraesident.de/SharedDocs/Reden/DE/Richard-von-Weizsaecker/Reden/1990/10/19901003_Rede.html; zuletzt abgerufen am 28.3.2023.

15 Harold Nicolson, *Kleine Geschichte der Diplomatie*, Heinrich Scheffler Verlag, Frankfurt a.M., ⁴1955.

16 Donald Kagan, *On the Origins of War: And the Preservation of Peace*, Anchor Publishing, New York, 1996.

17 Admiral James Stavridis, *To Risk it All. Nine Conflicts and the Crucible of Decision*, Penguin Press, New York 2022.

18 Johann Wolfgang von Goethe, *Faust. Der Tragödie Erster und Zweiter Teil*, Reclam, Stuttgart 2020.

19 Karl Marx u. Friedrich Engels, *Die deutsche Ideologie. Eine Auswahl*, Reclam Verlag, Stuttgart 2018.

20 Johann Wolfgang von Goethe, *Die Wahlverwandtschaften*, 1. Teil, 2. Kapitel, J. G. Cotta'sche Verlagsbuchhandlung, Tübingen 1809.

21 William Golding, *Herr der Fliegen*, Fischer Verlag, Frankfurt a. M. 1977.

22 Johann Wolfgang von Goethe, *Faust. Der Tragödie Erster und Zweiter Teil*, Reclam, Stuttgart 2020.

23 Mihail Bakunin, *Philosophie der Tat*, Hegner, Köln 1968.

24 Mark Twain, *Gesammelte Werke. Gesamtausgabe*, Anaconda Verlag, Köln 2014.

25 Jared Diamond, *Kollaps – Warum Gesellschaften überleben oder untergehen*, S. Fischer Verlag, Frankfurt a. M. 2006.